Mut in Beziehungen

Elisabeth Lindner | Kurt Wawra

Mut in Beziehungen

Gegen die Halbherzigkeit in der Liebe

Bibliografische Information der Deutschen Nationalbibliothek:
Die Deutsche Nationalbibliothek verzeichnet diese Publikation
in der Deutschen Nationalbibliografie; detaillierte bibliografische
Daten sind im Internet über http://dnb.dnb.de abrufbar.

© Emilia Verlag
Erstausgabe – Wien: Emilia Verlag, 2000
ISBN 3-9501009-0-3
Überarbeitete Neufassung – Wien: Krammerverlag, 2006
ISBN 978-3-901811-22-7

Überarbeitete Neuauflage 2016
© 2016 Elisabeth Lindner, Kurt Wawra
Umschlagbild: Marc Chagall ® / © Bildrecht, Wien, 2016; Foto: Marc
Chagall. Promenade. 1917-1918. (Detail) Inv. # ЖБ-1726
Oil on canvas. 175,2x168,4. State Russian Museum, St. Petersburg

Satz, Umschlaggestaltung, Herstellung und Verlag:
BoD – Books on Demand

ISBN: 978-3-7431-2978-8

Inhalt

Vorwort 7

Liebe
Von der Liebe 11
Kann man Liebe lernen? 18
Lohnt sich die Liebe? 21
Treue, Selbsttreue und Freiheit in Beziehungen 23
Mut in Beziehungen 34

Präventives Beziehungscoaching
Warum Prävention immer wichtiger wird 36

Paarwerdung
Von der Verliebtheit zur Liebe 39
Bei der Partnerwahl fängt es an 42
   Internetbeziehungen 44
Lebensentwurf und Partnerwahl 51
Drum prüfe, wer sich bindet 53
   Interviews mit jungen Paaren 57
Modelle der Lebensplanung 70

Beziehungsgestaltung
Liebe im Alltag oder die Mühen der Ebene 76
Lebensveränderungen 84
Freundschaft in der Paarbeziehung 91
Vertrauen durch Konfliktfähigkeit 94
Präventive Gespräche über Tabuthemen 104
   Sexuelle Untreue 104
   Abschiedlich leben 110

Die Bedeutung von Sexualität und Erotik
in der Paarbeziehung........................... 112
Aspekte des Sexuellen........................... 117
Erotisch-sexueller Dialog........................ 121

Beziehungscoaching/Paartherapie
Wann ist professionelle Hilfe notwendig?............ 130
Existenzanalytische Paartherapie.................. 133
   Grundsätze................................. 133
   Ziele der Paare.............................. 134
Methodik: das 9-Stufen-Modell................... 135
Spezifika der Paartherapie........................ 150
   Setting..................................... 150
   Wirkfaktoren................................ 151
Trennung auf Zeit............................... 153
Paartherapie/Sexualtherapie...................... 157
Sexuelle Kommunikationsstörungen................ 159

Trennung
Trennung als Thema der Prävention................ 169
Trennungsfähigkeit.............................. 172
Dreiecksbeziehungen............................ 182
   Diskussion.................................. 182
   Modell einer Entscheidungsanalyse.............. 187
Spezifische Trennungskrisen –
Neue Beziehungen............................... 195

Noch einmal von der Liebe   **200**

Literaturhinweise   202

Index   203

Vorwort

Zwei große Themen beherrschen das moderne menschliche Leben: Arbeit und Partnerschaft. Doch während man für den Beruf einigermaßen durch Schule, Studium und Berufsberatung vorbereitet wird, gibt es keine Schule für Beziehungs- und Liebesfragen: Es wird vorausgesetzt, dass man Beziehungen führen kann. Mag sein, dass manch einer dafür ein Naturtalent besitzt oder beziehungsfähiger ist als andere, doch für viele ist nichts schwieriger und unklarer als das Beziehungsleben.

Unser größtes Anliegen als Paartherapeuten ist es, verstärkt vorbeugend anzusetzen, denn Paare, die sich in guten Zeiten für den Ernstfall rüsten, haben erwiesenermaßen bessere Chancen, ihre Beziehung durch Bewältigung auch schwieriger Situationen zu stabilisieren und zu vertiefen, während Paare, die es versäumt haben, sich grundsätzliche Gedanken über ihre Partnerschaft zu machen, in Belastungssituationen plötzlich vor den Scherben ihrer Beziehung stehen.

In unserer Beratungspraxis müssen wir leider feststellen, dass Paare sehr spät – oft zu spät – beginnen, sich um ihre Partnerschaft zu sorgen.

Um nochmals eine Parallele zum Beruf herzustellen: Einen Arbeitsplatz zu finden, ist nur der erste Schritt; ihn zu behalten oder gar Karriere zu machen, verlangt laufend weitere Bemühungen wie auch unterschiedliche Fähigkeiten. Würden wir nur einen Bruchteil unserer beruflichen Energie auf das Beziehungsleben umlegen und in Beziehungsarbeit investieren, wären wir besser für das Leben zu zweit vorbereitet.

Auch wenn sich bei manchen innerlich das Nackenhaar bei der Aufgabe sträubt, etwas derart Romantisches wie die Liebe genauso sorgfältig zu überdenken wie eine Karriere, können wir Ihnen versichern, dass ein wenig Vernunft den Gefühlen der Liebe keinerlei Abbruch tut.

Da es viele Missverständnisse über Partnerschaft gibt, haben wir im vorliegenden Buch einen Bogen über alle Phasen der Liebe gespannt: von der Verliebtheit über die Partnerwahl, die Paarwerdung und die Beziehungsgestaltung – mit all ihren Konfliktfeldern – bis hin zum Ende einer Liebesbeziehung. Jede Phase hat ihre eigenen Gesetzmäßigkeiten und Tücken, aber jede Phase hat auch ihre eigenen Lernschritte.

Wir werden in diesem Buch keine Ratschläge geben, wie man den „richtigen" Partner findet oder wie eine Beziehung „richtig" gelebt werden soll. Wir wollen vielmehr unsere Leserinnen und Leser darin bestärken, sich immer wieder für eine liebevolle und selbsttreue Haltung zu entscheiden. Gleichfalls soll es Einzelpersonen und Paaren zur Selbstreflexion dienen und vor allem Paaren die Möglichkeit bieten, ihre Beziehung selbst zu coachen.

Wir wollen Sie ermutigen, Ihre individuelle Beziehungsform zu finden, in der Ihre Liebe die besten Bedingungen vorfindet, denn die Liebe braucht bestimmte Voraussetzungen, um zu gedeihen. Und wir möchten die Fähigkeit in Ihnen stärken, als Paar immer in einer positiven Spirale zu bleiben, es nicht zuzulassen, dass äußere Umstände oder Launen Ihre Zuneigung zerstören.

Dieses Buchprojekt haben wir begonnen, weil wir uns für Paare interessieren und weil wir der Frage nachgehen wollten, warum manche Partnerschaften gelingen, andere wiederum scheitern, und warum sich intelligente Menschen in emotionalen Dingen häufig unintelligent verhalten. Muss das so sein, dass Gefühl und Verstand sich gegenseitig ausschließen? Gibt es nicht auch eine „Vernunft des Herzens"?

Wir haben uns in diesem Buch auf die Erforschung der Zweierbeziehung beschränkt und das komplexere Thema der Familiensysteme ausgespart; trotzdem richtet es sich gleichwohl an Paare, die eine Familie gegründet haben oder gründen wollen, weil wir überzeugt davon sind, dass eine stabile und bewusst gelebte Partnerschaft auch ein Garant für ein gut funktionierendes Familiensystem ist und daher die unterschiedlichsten Sachzwänge und Probleme bewältigen helfen kann.

Unsere therapeutische Heimat ist die Existenzanalyse und Logotherapie, eine psychotherapeutische Schule, die der Wiener Psychiater, Neurologe und Psychologe Viktor Frankl (1905–1997) begründete. Der Existenzanalyse und Logotherapie geht es um das Bewusstmachen der Freiheit und des Verantwortlichseins sowie um die situative Wahrnehmung von Sinn und Werten. Konkret bedeutet dies, dass es in jeder Situation mehrere Möglichkeiten gibt, aus denen gewählt werden kann, jeder Mensch also in seinen Entscheidungen und Handlungen frei ist und allein die Verantwortung für sein Tun trägt.

Wir hätten dieses Buch nicht schreiben können, hätten wir nicht die Möglichkeit gehabt, viele interessante und weiterführende Gespräche mit Paaren zu führen, die uns an ihren Sorgen, Einsichten und Lösungen teilhaben ließen. Für die Offenheit und das Vertrauen, welches sie uns entgegengebracht haben, sind wir ihnen sehr zu Dank verpflichtet. Gleichermaßen danken wir unseren Freunden für die kritische Durchsicht des Manuskripts!

Die gemeinsame Aufgabe, für dieses Buch über das Wesen der Liebe und das Gelingen von Beziehungen nachzudenken, war für uns weit mehr als eine intellektuelle Herausforderung. Wir haben immer wieder auch unsere eigenen Beziehungserfahrungen reflektiert und einfließen lassen, was uns unsere Verbundenheit als Paar intensiv bewusst gemacht und unsere Liebesbeziehung weiter vertieft hat.

Elisabeth Lindner | Kurt Wawra

Mag. Elisabeth Lindner studierte Sprachwissenschaft und Psychologie in Wien. Danach arbeitete sie fünf Jahre bei einer Telefonberatung mit dem Schwerpunkt Krisenintervention und absolvierte gleichzeitig eine Ausbildung zur Psychotherapeutin für Existenzanalyse und Logotherapie. Den Beginn der paartherapeutischen Arbeit mit ihrem Mann, Dr. Kurt Wawra, bildete die gemeinsame Abschlussarbeit über Existenzanalytische Paartherapie „Liebe in Freiheit und Verantwortung" im Jahr 1992. Seit damals in freier Praxis als Therapeutin tätig. Im Jahr 2000 Gründung des Instituts für Beziehungscoaching und Herausgabe des Buches „Beziehungscoaching", welches mit dem Viktor-Frankl-Preis für hervorragende Leistungen auf dem Gebiet der sinnorientierten humanistischen Psychotherapie ausgezeichnet wurde.

Dr. Kurt Wawra ist Jurist und Psychotherapeut. Er war viele Jahre im Personalmanagement tätig und hat sich dort vor allem mit Arbeitspsychologie, Personalentwicklung, Konfliktmanagement und Coaching beschäftigt. Seit 1992 arbeitet er als Psychotherapeut mit Schwerpunkt Paartherapie. Darüber hinaus hat er etliche Zusatzausbildungen in forensischer Psychotherapie (Gewalt in Beziehungen, Süchte) und ist psychotherapeutischer Gutachter.

Liebe

Von der Liebe

„Wenn die Liebe dir winkt, folge ihr, sind ihre Wege auch schwer und steil. Und wenn ihre Flügel dich umhüllen, gib dich ihr hin, auch wenn das unterm Gefieder versteckte Schwert dich verwunden kann. Und wenn sie zu dir spricht, glaube an sie, auch wenn ihre Stimme deine Träume zerschmettern kann wie der Nordwind den Garten verwüstet. Denn so, wie die Liebe dich krönt, kreuzigt sie dich. So wie sie dich wachsen lässt, beschneidet sie dich. So wie sie emporsteigt zu deinen Höhen und die zartesten Zweige liebkost, die in der Sonne zittern, steigt sie hinab zu deinen Wurzeln und erschüttert sie in ihrer Erdgebundenheit. Wie Korngaben sammelt sie dich um sich. Sie drischt dich, um dich nackt zu machen. Sie siebt dich, um dich von deiner Spreu zu befreien. Sie mahlt dich, bis du weiß bist; und dann weiht sie dich ihrem heiligen Feuer, damit du heiliges Brot wirst für Gottes heiliges Mahl. All dies wird die Liebe mit dir machen, damit du die Geheimnisse deines Herzens kennen lernst und in diesem Wissen ein Teil vom Herzen des Lebens wirst. Aber wenn du in deiner Angst nur die Ruhe und die Lust der Liebe suchst, dann ist es besser für dich, deine Nacktheit zu bedecken und vom Dreschboden der Liebe zu gehen in die Welt ohne Jahreszeiten, wo du lachen wirst, aber nicht dein ganzes Lachen, und weinen, aber nicht all deine Tränen. Liebe gibt nichts als sich selbst und nimmt nichts als von sich selbst. Liebe besitzt nicht, noch lässt sie sich besitzen; denn die Liebe genügt der Liebe."

Khalil Gibran: *Der Prophet*

Khalil Gibran hat in seiner poesievollen Sprache ein wunderbares, umfassendes Bild von der Liebe gezeichnet, der Liebe als dem Erschütterndsten, was uns widerfährt: Sie vermag uns mit all ihrer Zartheit zu ergreifen, die süßesten Sehnsüchte zu erwecken und andererseits unser Leben auf radikalste Weise zu verändern.

In jedem Menschen schlummert die Sehnsucht nach Liebe in Form von Anerkennung, Wärme, Geborgenheit und Zugehörigkeit. Gleichzeitig besteht oft eine große Angst vor Nähe, vorm Verlassen- oder Verletztwerden, oder die Angst, in seiner persönlichen Freiheit durch den anderen beschränkt zu werden.

Mit dieser Ambivalenz leben wir und wir müssen uns immer wieder entscheiden, ob wir uns der verändernden Kraft der Liebe überlassen und unsere angeborene Liebesfähigkeit in einer Beziehung verfeinern oder ob wir der Angst folgen und auf das intensivste aller Gefühle verzichten wollen. Doch auch wenn wir uns für die Liebe entscheiden, heißt das noch nicht, dass sie zu uns kommt und uns auch gelingt, denn man kann die Liebe selbst nicht wollen, sie widerfährt uns als Geschenk und muss dann kontinuierlich erarbeitet werden.

Die meisten Menschen nehmen an, dass Lieben eigentlich ganz einfach sei, schwierig sei es nur, den richtigen Partner zu finden und an sich zu binden. Zudem liegt der Schwerpunkt aller Hoffnung meist auf dem Wunsch, *geliebt zu werden*, und man versucht viele Mittel und Wege, um für einen möglichen Partner attraktiv zu sein. Je nach gesellschaftlichen Trends, stellen sich Männer als ehrgeizig, stark, mächtig und erfolgreich dar, aber auch als sanft und tolerant. Frauen machen sich durch ein adrettes Äußeres, gute Manieren, Hilfsbereitschaft und Bescheidenheit liebenswert.

Ganz allgemein wird angenommen, „um der Liebe würdig zu sein, bedürfe es einer Mischung aus Sex-Appeal und Beliebtheit."

Man bemüht sich so sehr, diesem Bild zu entsprechen, dass man dabei ganz vergisst, man selbst zu sein und auch den anderen als die Person wahrzunehmen, die er ist.

„An die Liebe sind so viele Hoffnungen und Erwartungen geknüpft, dass es nicht erstaunlich ist, wie viele Liebesbeziehungen wieder zerbrechen. Und doch ist man wenig dazu bereit, sich für eine Beziehung einzusetzen und aus vergangenen Fehlern Schlüsse und Lehren zu ziehen."

Ein häufiger Fehler liegt in der Verwechslung von Verliebtheit und Liebe: Wenn wir uns verlieben, durchfluten uns intensive Glücksgefühle und Verschmelzungswünsche mit dem geliebten Partner. Jede freie Minute will man nur noch mit diesem Menschen verbringen, man vernachlässigt andere Beziehungen, ist fasziniert von den vielen Möglichkeiten, die man im anderen, durch den anderen und mit dem anderen erahnt. Augenblicke des Einsseins mit dem anderen gehören zu den erregendsten und freudigsten Ereignissen im Leben eines Menschen.

Außenstehende können dieses Mysterium oft nicht nachvollziehen und sind erstaunt über die „rosa Brille" der Verliebten, doch für die Verliebten selbst öffnet sich eine Welt der sinnlichen Erfahrungen, welche die gesamte Existenz intensiviert. Man hat Lust auf verrückte Dinge, ist verrückt nach dem anderen, neugierig auf sich selbst und die Welt zu zweit, fühlt sich stark und mutig, schmiedet Pläne, schwelgt in Ideen und Visionen. Man glaubt, zu zweit alle Schwierigkeiten lösen zu können, ist voller Tatendrang, Optimismus und Lebendigkeit.

Im Verliebtsein ist man von pulsierendem Leben durchflutet und so hat es wohl auch die Funktion, den Menschen aus seiner

Vereinzelung zu reißen, ihn wachzurütteln, Veränderungen zu provozieren und ihn auf anderes als sich selbst auszurichten.

Das Verliebtsein hilft Jugendlichen, sich ohne Angst aus der starken Bindung des Elternhauses und der Heimat zu lösen, erwachsen zu werden, neue soziale Beziehungen einzugehen. Ohne die erotische und sexuelle Anziehung durch einen fremden Menschen würden wir wohl eher bei Eltern und Geschwistern bleiben. Wie Hermann Hesse in seinem „Stufen"-Gedicht schreibt: „Und jedem Anfang wohnt ein Zauber inne, der uns beschützt und der uns hilft zu leben", beschützt uns der Zauber der Verliebtheit eine gewisse Zeit lang.

Die ausschließliche Fixierung auf die Zweierbeziehung aber muss sich nach einigen Monaten wieder lockern, will die Beziehung nicht an sich selbst ersticken.

So schön es ist, sich ständig nahe zu sein und sich ohne Worte zu verstehen, so gefährlich ist diese Symbiose für den Fortbestand der Liebe, denn alles Lebendige braucht Luft zum Atmen. In diesem Sinne braucht eine Beziehung Distanz, damit jede Person wieder autonom und für sich selbst lebensfähig wird.

Die Auflösung dieser Einheit geschieht krisenhaft: Es ist der Übergang von der schäumenden, tänzelnden Leichtigkeit des Verliebtseins zur Ernsthaftigkeit und Verbindlichkeit der Liebe, von der Symbiose in eine vorerst schmerzlich erfahrene Trennung. Der andere, den man wie einen Teil von sich selbst erlebt hatte, kann einem plötzlich wie ein Fremder erscheinen. Man spürt sich selbst und den anderen nicht mehr so gut, empfindet ihn nicht mehr als so aufregend, sieht ihn realistischer mit all seinen Fehlern: nicht mehr nur die großen Möglichkeiten, sondern auch die tatsächlichen Gegebenheiten. In der Routine des Alltags verschwinden der Anfangszauber und die Besonderheit der Beziehung.

Enttäuscht wendet man sich manchmal ab, verbittert, dass es wieder nicht die „große" Liebe war, oder aber es gelingt, den anderen einfach als andersartig zu akzeptieren, sich mit dieser Andersartigkeit auseinanderzusetzen und ihn schließlich in seiner unverwechselbaren Einzigartigkeit zu lieben. Dann können – bei gleichzeitiger Erweiterung des Beziehungshorizontes – wieder Nähe und Vertrautheit entstehen und daraus resultierend eine fruchtbare Spannung, die der persönlichen wie auch der gemeinsamen Weiterentwicklung förderlich ist.

Das Verliebtsein wurde uns als Geschenk zuteil, doch nun ist es an uns, die kostbare Pflanze der Liebe zu nähren, damit sie nicht verkümmert. Die Liebe fällt uns zwar zu, doch sind wir ihr nicht schicksalhaft ausgeliefert. So wie die Anziehungskraft der Erde nicht die Richtung unseres Weges bestimmt, bestimmt auch nicht die Liebe ihren Verlauf, sondern wir entscheiden, wie wir mit der Liebe umgehen und was wir aus ihr machen. In unserem Bemühen, in unserer Gestaltung der Liebe sind wir ganz frei. Insofern sind wir auch niemals Opfer einer Beziehung, sondern höchstens Opfer unserer selbst.

Die entscheidende Prägung erhält eine Beziehung erst durch unsere Einstellung zu einem konkreten Menschen: ob man sich um diesen Menschen bemühen will, sich ihn zum eigenen Anliegen macht.

Liebesfähigkeit ist uns angeboren und sie kennt keinerlei Begrenzungen: Sie ist allumfassend. Wir kennen die Liebe zwischen Mann und Frau, die gleichgeschlechtliche Liebe, die Mutterliebe, die platonisch-verehrende Liebe, die karitative und die allgemeine Menschenliebe. Doch bleibt die Liebe nicht nur auf den Menschen beschränkt: Wir lieben auch Tiere, die Natur, die Kunst, unseren Beruf, die Wahrheit, die Gerechtigkeit und Gott.

Wie auch immer, die Liebe erweckt in uns einen Wunsch nach Ergänzung, nach Ganzheit, Einheit und Aufgehobensein.

Ein Mensch oder auch etwas anderes, das in uns Liebe wachruft, ist der Ort, wo man sein will, wo man hingehört und sich zugehörig fühlt. Dieser Wert ist einzigartig und einmalig in seinem Dasein, nicht austauschbar in seinem Sosein.

In allen ihren Formen führt uns die Liebe über uns selbst hinaus, indem wir uns etwas anderem liebend zuwenden. Das Gemeinsame bei allen Formen des Liebens ist die Sehnsucht nach Selbstentäußerung, nach einer Selbsttranszendenz, welche die trennende Schranke zwischen uns und dem anderen überwindet.

Sehr oft liest oder hört man, dass man nur lieben könne, wenn man sich selbst liebt. Was ist damit gemeint?

Da Liebe sich immer auf etwas anderes, jemand anderes bezieht, kann man sich selbst im wahrsten Sinne des Wortes nicht lieben. Selbstliebe meint also eher *Selbsttreue* im Sinne von: zu sich selber stehen können, sich selber ein guter Freund sein können.

Nur wenn man sich selbst nicht verlässt, sich also auf sich selbst verlassen kann, kann man den Schritt aus der ängstlichen Selbstumklammerung wagen und sich ganz auf den anderen einlassen. Ohne die Angst, sich selbst zu verlieren, muss man die eigenen Gefühle nicht mehr kontrollieren.

Um ganz beim anderen zu sein, muss man ganz bei sich bleiben können, da man immer im polaren Spannungsfeld von Selbsthingabe und Selbstbewahrung – den beiden tiefsten Strebungen menschlichen Lebens – steht. Wo Liebe gelingt, indem das richtige Maß zwischen Nähe und Distanz gefunden wird, kann man beruhigt sagen: „Wenn ich bei dir bin, bin ich bei mir".

Liebe ist – wie oft fälschlich angenommen – kein paradiesischer Zustand harmonischen Glücks, sondern ein fortwährender Prozess, der sich eine Geschichte schafft. Die Zeit, der größte Feind der Liebe, läuft weiter und zerstört die Liebe, wenn wir uns nicht in ständiger Sorge um die Beziehung mitbewegen.

Es ist um vieles leichter, etwas zu lieben, was sich nicht verändert: eine Erinnerung, die Vergangenheit, eine Idee, einen Toten, ein Bild. Darum ist es auch leichter, die Liebe selbst oder die gesamte Menschheit zu lieben als einen konkreten Menschen – also in der Unverbindlichkeit zu bleiben, denn dann hängt alles nur von uns selbst ab.

Die Liebe aber ist lebendig wie das Leben selbst. Sie verändert sich ständig, genauso wie wir selbst einem dauernden Wandel unterliegen: Das, was wir ursprünglich am anderen geliebt haben, bleibt nicht gleich und auch wir bleiben nicht, die wir waren.

Hierin liegt die große Aufgabe der Liebe, an der so viele Beziehungen scheitern, nämlich dieses Lebendige durch all seine Entwicklungen hindurch zu schätzen und zu fördern.

Kann man Liebe lernen?

Immer wieder fragen sich Menschen, ob man Liebe lernen kann und ob es „lohnend" sei, sich überhaupt auf die Liebe einzulassen.

Wir alle verfügen über eine angeborene Liebesfähigkeit, die entwickelt, verfeinert und stabilisiert werden muss, will sie nicht an der Widersprüchlichkeit der Liebe selbst scheitern. Der Liebe immanent ist der Wunsch nach Nähe, gemeinsamer Identität, totaler Kommunikation und Verschmelzung. Jede Liebesbeziehung drängt in die Abhängigkeit der Partner voneinander und in die symbiotische Abschottung von der Umwelt.

Aus diesem Bedürfnis nach der ständigen Nähe des anderen und dem Wunsch nach Gleichklang kann einerseits ein Zwang zur Kontrolle über den andern entstehen, andererseits können sich Langeweile und Gleichgültigkeit breitmachen. Beides führt sehr rasch zu Kommunikationseinschränkungen.

Keine Zuneigung ist, wird sie ununterbrochen strapaziert, unerschöpflich, im Gegenteil: Regeneration und Distanzierung sind notwendig, damit jeder für autonom und für sich selbst lebensfähig bleibt. Dieses notwendige Auseinanderrücken wird aber meist als schmerzhafte Trennung und Liebesverlust erlebt; es fehlt das Wissen, dass es gerade die Distanz ist, welche die Liebessehnsucht wieder erweckt.

Unabhängigkeit und Selbstständigkeit sind Grundlagen personaler Begegnung und eine gelungene Balance von Nähe und Distanz führt zu jenem Vertrauen, welches den Partnern letzten Endes erlaubt, situativ den geeigneten Abstand zu finden.

Lernbar ist unseres Erachtens der Umgang mit der Widersprüchlichkeit und dem Wandel der Liebesempfindungen:

Durch das Wissen darum kann man Konflikten und Enttäuschungen vorbeugen, indem man Gefühls- und Stimmungsschwankungen gelassen und vertrauensvoll begegnet.

Der Arzt und Philosoph Dieter Wyss meint, dass diesen Schwankungen nur durch die Entwicklung von Grundeinstellungen wie Zärtlichkeit, Innigkeit und Dauer entgegengewirkt werden kann.

Im *zärtlichen Umgang* miteinander schwingen Geborgenheit, emotionale Wärme und Fürsorglichkeit mit.

Innigkeit, als die Anwesenheit des anderen im eigenen Innern, umschließt liebevolle Bestätigung, Abschirmung und Befriedigung. Sie verwandelt den anderen in einen inneren Schatz und hebt die verhängnisvolle Gegensätzlichkeit von Nähe und Distanz auf. Der andere ist nicht in meinem Besitz, sondern in mir anwesend, mir vertraut und angenommen.

Dauer entsteht aus dem Zusammenwachsen und Zusammenhalten und der sicheren Überzeugung: Mit dir will ich alt werden! Es lässt das Miteinander gegen den Strom der Vergänglichkeit andauern und schafft eine gemeinsame Vergangenheit.

An diesen Grundeinstellungen entzündet sich, so Wyss, immer wieder die sinnliche Zuneigung. Wyss hält außerdem eine gewisse Behutsamkeit für notwendig (ohne deshalb an emotionaler Spontaneität zu verlieren): Die Einsicht in die Person des anderen soll zu einem Handeln führen, das sich durch Umsicht, Rücksicht, Vorsicht und Nachsicht auszeichnet.

> Nicht die Liebe muss also gelernt werden, sondern vielmehr der Umgang

- mit dem der Liebe innewohnenden Widerspruch von Nähe und Distanz,
- mit dem „fluktuierenden Charakter" von Liebesempfindungen sowie
- mit dem Beziehungsalltag.

Da die Schwierigkeit der Liebe in der Liebe selbst liegt, in ihrer unauflösbaren Verschränkung widersprüchlicher, miteinander in Konflikt stehender Tendenzen, ist es der Wille zur Liebe, welcher der ständigen Gefährdung der Liebesbeziehung entgegenwirken muss. Aufmerksamkeit und Beziehungspflege von beiden Partnern können eine verlässliche Haltung signalisieren und vermögen somit die Unbeständigkeit der Gefühle auszugleichen.

Lohnt sich die Liebe?

In der Liebe, als dem höchsten und intensivsten Erlebniswert, drückt sich die Sehnsucht des Menschen nach Selbsttranszendenz aus, nach der Sehnsucht, über sich selbst hinauszuwachsen und sich einem andern Menschen hingebungsvoll zuzuwenden.

Wären Partnerschaft und Familie nicht mit Liebe verknüpft und wäre die Liebe nicht mit der Erfahrung von Glück, Leichtigkeit und Sinnhaftigkeit gekoppelt, würden Partnerschaft und Familie wohl eher als Belastung empfunden. Es sind vor allem die folgenden menschlichen Grundbedürfnisse nach Zugehörigkeit und Wertschätzung, die in einer intimen Beziehung erfüllt werden und für die sich unserer Meinung nach die Liebe allemal lohnt:

Eingebunden sein
Private Zugehörigkeit wird deshalb immer wichtiger, weil die soziale Zugehörigkeit abnimmt: Man fühlt sich nicht mehr als Teil der Gesellschaft, einer Partei, einer Kirche und auch die Identifizierung mit einem Unternehmen wird erschwert. An die Stelle des fixen Arbeitsplatzes sind neue Formen von Arbeitsverträgen getreten wie freie Dienstverträge, Werkverträge oder Telearbeit, was zu einer Verarmung an sozialen Kontakten führt.

Einzelkampf, Konkurrenz und Entsolidarisierung stehen sowohl dem sozialen Antrieb als auch dem spirituellen Bedürfnis des Menschen, sinnvoller Teil einer größeren Einheit zu sein, diametral entgegen. Die Geborgenheit in einer guten Partnerschaft kann unsere Heimatlosigkeit auffangen, läuft heute jedoch Gefahr, mit all diesen Aufgaben überfrachtet zu werden.

Wertvoll sein
Nichts tut so gut wie Wertschätzung um unserer selbst willen. Die Bestätigung des eigenen Wertes durch den Partner/die Partnerin lässt uns einen Ruhepol inmitten einer auf Nutzwert und Leistung bezogenen Welt finden.

Liebe fragt nicht: „Was bringt mir der andere?", sie ist die Anerkennung des Wertes einer Person als Akt des Erkennens ihrer Liebenswürdigkeit.

Zugehörigkeit und Selbstwert sind nicht machbar, nicht manipulierbar, nicht käuflich. Sie ergeben sich aus der Liebe und sind daher ansatzweise auch durch die Zuneigung von Eltern und Freunden gegeben.

Doch die Liebesbeziehung ist insofern umfassender und einmalig, als durch sie auch eine Bestätigung der leiblichen Identität, unseres sexuell-erotischen Selbstwertes stattfindet.

Treue, Selbsttreue und Freiheit in Beziehungen

Mit der Liebe eng verbunden sind die Phänomene Freiheit und Treue.

Viele Menschen halten die Bindung an einen Partner für unvereinbar mit Freiheit. Sie haben erlebt oder glauben, dass Partnerschaft gleichbedeutend sei mit dem Verlust ihrer Freiheit. Wir sind daher der Frage nachgegangen, ob Liebe auch ein „Mehr" an Möglichkeiten bringen kann, also mehr Freiheit nach sich ziehen kann.

Treue ist ein weiteres zentrales Thema in Beziehungsdiskussionen, weshalb wir die Begriffe Treue, Untreue und Selbsttreue in der Partnerschaft näher erläutern wollen.

Treue und Liebe
Formale Treue als religiöser oder lebloser Moralbegriff entbehrt der Selbstverständlichkeit und auch der Freiwilligkeit. Wo aber Treue ein Kriterium der Liebe ist, stellt sich nicht mehr die misstrauische Frage (die per se schon einem Vertrauensbruch gleichkommt): „Bist du mir auch treu?", denn der Liebende will beim Geliebten sein und sonst nirgends.

Es ist die Gewissheit, sich auf den anderen verlassen zu können: Treue impliziert Vertrauen in den anderen und in die Dauerhaftigkeit der Beziehung. Man muss nicht schon beim geringsten Problem Angst vorm Verlassen- oder Fallengelassenwerden haben; trotz aller Fehler hält ein gemeinsames Band zusammen.

Es ist das Vertrauen, dass
- der andere versucht, mich zu verstehen,
- er sich mir gegenüber nicht beliebig, sondern verbindlich verhält,
- ich so sein kann, wie ich bin,
- der andere mir gut gesinnt ist und

- ich mich darauf verlassen kann, dass der andere zur Beziehung steht.

Das Werden ist untreu
Leben heißt Werden, ist ständige Entwicklung und Wandlung. Das Werden trägt die Untreue in sich, und der Mensch würde erstarren, veränderte er sich nicht der Zeit und seinen Anlagen gemäß. Hierin liegt das ewige Dilemma und die Paradoxie menschlichen Daseins: Wie ist es möglich, dem menschlichen Grundbedürfnis nach Treue (Heimat und Geborgenheit) und gleichzeitig dem Grundbedürfnis nach Veränderung (Abwechslung und Wachstum) gerecht zu werden?

Marina Gambaroff schreibt in ihrem Buch *Utopie der Treue*: „Weder Treue noch Untreue als Prinzip lassen sich verwirklichen, obwohl sich beides leben lässt; allerdings nur mit ungeheurem Verleumdungsaufwand. Wer von sich behauptet, er oder sie sei vollkommen treu in Tat und Phantasie, ist einem Selbstbetrug zum Opfer gefallen. Wer von sich behauptet, mit der Untreue seines oder ihres Partners oder der eigenen ohne größere Schwierigkeiten umgehen zu können, ebenfalls."

Entscheidung zur Treue
Es geht nicht darum, einer beliebigen Sache gegenüber treu zu sein, das wäre Fanatismus, Starrköpfigkeit, Routine oder nostalgisches Festhalten an Vergangenem. Es geht um die Entscheidung zur Treue, jener freiwilligen Treue, die von jedem selbst immer neu auf ihre Gültigkeit hin überprüft werden muss; um die treue Haltung, die sich ihrer Verbindlichkeit einem anderen Menschen oder einer Sache gegenüber stets erinnert und welche – im Gegensatz zur untreuen Haltung – Auseinandersetzung mit der vorliegenden Beziehung fordert. Sie ist radikal, kompromisslos und ganzheitlich.

Der untreue Mensch nimmt sich hier dies, dort das, biegt sich den Begriff für sich zurecht und interpretiert ihn nach seinem Gutdünken. Er verleugnet und verrät das, woran er sich erinnert, dann vergisst er, was er verraten hat. André Comte-Sponville schreibt: „Untreue Liebe ist nicht die freie Liebe: Es ist die vergessliche Liebe, die abtrünnige Liebe, die Liebe, die das verachtet, was sie geliebt hat, und sich infolgedessen selbst verachtet. Ist das aber noch Liebe?" Und weiter: „Treue ist der Kampf gegen das Verleugnen und Vergessen."

Man kann durchaus auch früheren Beziehungen und Ideen gegenüber treu bleiben, indem man sie für die damalige Zeit als wertvoll und richtig gewesen erachtet.

Es gibt eine nachträgliche Wertschätzung, die gut sein lässt, was war, die nicht abwertet und verleugnet, was jetzt keine Gültigkeit mehr hat.

Es ist die Treue der gelebten Vergangenheit gegenüber, welche die eigene Biografie nicht zensuriert, sondern ganz lässt und gerade dadurch ihre Unverwechselbarkeit bestätigt.

Habe ich Freiraum in der Beziehung, Rückzugsmöglichkeit, Zeit für mich alleine, oder fühle ich mich eingeengt?

Selbsttreue
Sich selbst treu zu bleiben kann bedeuten, eine Überzeugung zu revidieren, eine Meinung – durch triftige Gründe widerlegt – zu ändern, es verlangt Elastizität und Lernfähigkeit. Nicht eine Lernfähigkeit zur Untreue, sondern eine Fähigkeit, sich selbstkritisch zu revidieren, umzustellen, Abschied zu nehmen, Beziehungen aufzugeben, Einsamkeit und Unsicherheit auf sich zu nehmen, wenn eine innere oder äußere Bindung aufzulösen ist.

In Shakespeares *Hamlet* sagt Polonius zu seinem Sohn Laertes als Ermahnung für dessen Lebensgestaltung: „Dies über alles: Sei dir selber treu und du kannst nicht falsch sein gegen irgendwen!"

Sich selbst gegenüber treu sein, um auch anderen Menschen gegenüber verlässlich zu sein, bedeutet:

- Ja sagen und auch Ja meinen.
- *Den* Partner zu heiraten, den man liebt, und nicht den, durch den man gut versorgt ist.
- *Den* Beruf zu wählen, der den eigenen Fähigkeiten und Vorlieben entspricht.
- *Das* zu tun, was Freude macht, und nicht nur das, was vernünftig ist.

Ein Handeln gegen die eigene Überzeugung, gegen die innere Stimme führt zu Verbiegung, Verleugnung, Verdrängung und Selbstentfremdung.

Der bekannte Sozialpsychologe Horst-Eberhard Richter nennt dies die „Enteignung des Gewissens":

Ursprünglich verfügt jedes Kind über einen inneren Maßstab, mit dem es fühlt, was gerecht und ungerecht, was gut und schlecht ist. Wenn nun Eltern ihm immer wieder vorschreiben, was es für richtig und gut halten soll, wird dieser innere Maßstab korrumpiert.

Das kann sich im Heranwachsenden in einer Art falscher Autoritätsergebenheit fortsetzen, indem die eigene Überzeugung laufend verleugnet werden muss.

Hörigkeit, Gehorsam, Anpassung und Konformismus sind die Konsequenzen, während Eigenständigkeit und Eigenverantwortung aufgegeben werden.

Der sich selbst treue Mensch hingegen orientiert sich an seinem Gewissen und nicht an den Erwartungen der anderen. Er handelt authentisch (glaubwürdig): mit sich selbst identisch, situativ im Einklang mit dem eigenen Tun.

Während wir aus unseren Rollen oder Selbstbildern heraus „statisch" auf alle Situationen des Lebens reagieren, z.b. stets hilfsbereit und freundlich, immer mütterlich oder in jeder Lebenslage distanziert sind, antworten wir als Person entsprechend der jeweiligen Situation und verantworten damit unsere Handlungen. Authentizität verleiht Konturen und erst dadurch gewinnt eine Person an Persönlichkeit, welche wiederum dynamisch und ein Leben lang im Werden ist. Viktor Frankl meint dazu: „Ich handle nicht nur gemäß dem, was ich bin, sondern ich werde auch, wie ich handle."

Persönlichkeit zeigt sich immer aufs Neue an den individuellen Werten, von denen sich ein Mensch angezogen fühlt und die jeder auf seine ureigene Art und Weise verwirklicht.

Für unser Beziehungsleben ist die Entwicklung der eigenen Persönlichkeit nicht unwesentlich, denn erst dadurch werden wir zu einem spürbaren „Gegenüber" für andere Menschen. Je wahrhaftiger ein Mensch er selbst ist, desto besser kann er in der Auseinandersetzung mit der Welt sein, Nähe und Distanz regulieren, und desto weniger läuft er Gefahr, mit seinem Partner zu verschmelzen oder sich zu entfremden.

Wie sehr tradierte Vorstellungen Beziehungen beeinflussen und die Gesamtwerteschau untergraben können, sei nochmals kurz illustriert:

Herr N. ist begeisterter Fußballspieler, trainiert dreimal in der Woche und spielt jedes Wochenende ein Match. Als seine Freundin schwanger wird, erwartet sie, dass er den Fußball aufgibt, endlich erwachsen wird und Verantwortung übernimmt. Herr N. fügt sich freudlos dem moralischen Druck.

Herr N. hatte zu diesem Zeitpunkt nicht mehr die Freiheit, sich zu entscheiden, und alle Werte gegeneinander abzuwägen. Er wurde nicht befragt und hatte eigentlich gar keine Wahl, weil seine persönlichen Werte von vornherein abgewertet und „allgemeinen" moralischen Werten untergeordnet wurden. Er konnte sich nur noch entscheiden, als Egoist abgestempelt zu werden, falls er sich selbst treu geblieben wäre, oder aber die Einschränkung seiner Möglichkeiten in Kauf zu nehmen, um moralisch zu bestehen.

Herr N. sagte später, er habe in diesem Moment gespürt, dass etwas in ihm zerbrochen und die Beziehung zu einer schweren Pflicht geworden sei.

Das Paar hätte sich bereits zu einem viel früheren Zeitpunkt mit den möglichen Wertekollisionen auseinandersetzen müssen.

Mögliche Fragen für Frau N. wären gewesen:
Was bedeutet es, mit einem Fußballer befreundet zu sein?
Wie wird mein zukünftiges Leben aussehen?
Kann ich Ja dazu sagen?
Interessiere ich mich für Fußball? Wäre ich bereit, mich ihm zuliebe dafür zu interessieren?

Herr N. hätte sich fragen sollen:
Kenne ich die Erwartungen meiner Freundin?
Weiß ich, was sie von meinem Hobby hält?
Bin ich bereit für eine Familiengründung, wenn das bedeutet, den Fußball aufzugeben?

Selbsttreue und Sexualität
Wie sich mangelnde Selbsttreue auf sexuelle Begegnungen auswirken kann, soll folgendes Fallbeispiel zeigen:

Frau M. sucht eine Therapie auf, weil sie endlich herausfinden will, warum ihr Körper nicht „funktioniert". Seit Jahren spielt sie Männern im Bett etwas vor, gebärdet sich leidenschaftlich und vermittelt ihren Partnern höchste Glücksgefühle. Nur sie selbst spürt nicht besonders viel, hat in Wirklichkeit noch nie einen sexuellen Höhepunkt erlebt und langweilt sich meistens dabei. Ihre größte Sorge ist, dass ihr Partner dahinterkommen könnte, dass sie keine vollwertige Frau ist. Den Orgasmus wünscht sie sich nicht für sich, sondern für ihn. Frausein bedeutet für sie, minderwertig, schwach, rechtlos und abhängig zu sein. Sie betrachtet ihren Körper mit überkritischen Augen, hasst bestimmte Körperteile an sich. Schon in der Pubertät empfand sie sich als Lustobjekt, während sie Freundschaft und Nähe suchte. Also lernte sie, ihren Körper zu opfern, um „geliebt" zu werden. Sie spürt ihren eigenen Wert nur, wenn sie Männern zu Gefallen ist, wenn Männer sie begehren.

Konflikte wie der von Frau M. sind bei Frauen häufig in der psychotherapeutischen Praxis anzutreffen: zum einen die Ablehnung der Weiblichkeit, zum anderen das männlichen Erwartungen völlig angepasste Verhalten. Indem Frau M. genau das tut, was sie hasst, schwächt sie fortlaufend ihre Integrität. Sie wird sich selbst unglaubwürdig und durch das geschwächte Selbstwertgefühl definitiv abhängig von der Zufriedenheit ihres Partners. Ist er glücklich, ist sie es auch.

Anpassung lässt sich definieren als Konflikt zwischen dem (durch andere) Erwarteten und dem (selbst) Gefühlten – man geht den Weg des Erwarteten. Anpassung schafft keinen Lebensraum (welcher nur durch Auseinandersetzung entsteht) und so richtet sich die Aggression gegen sich selbst: Für die Anpassung nach außen straft man sich in seinem Inneren.

Frau M. konnte sich selbst nicht wahrnehmen und schätzen und so nützte ihr auch tausendfaches Lob von anderen nichts.

Anerkennung fiel kerzengerade durch sie durch, mitten ins Nichts. Sie benötigte immer höhere Dosen an Aufmerksamkeit und steigerte damit ihre Abhängigkeit von anderen. Nicht zu sich selbst stehen zu können ist eine der tiefsten Selbstverletzungen.

Man kann Jahre oder sogar sein ganzes Leben damit verbringen, auf die ersehnte Anerkennung und Zuwendung durch andere zu warten. Natürlich ist es schön, wenn andere an uns glauben, uns vertrauen, uns unterstützen. Aber es ist keine Vorbedingung, um an sich selbst glauben zu können. Jeder Mensch ist letztendlich auf sich selbst zurückgeworfen – gerade das Wissen um dieses letztliche Allein-Sein vermag aber in uns eine Kraft zu entfalten, die dem eigenen Sein zum Durchbruch verhilft: Wer, wenn nicht die betroffene Person selbst, kann sich in die Welt einbringen?

Niemand anderes kann diese Aufgabe für uns übernehmen. Indem man sich einbringt, erfährt man mehr und mehr von sich selbst, man entdeckt seine Schwächen, aber auch seine Stärken. Dieses Um-sich-selbst-Wissen ist ein erster Schritt zur Selbsttreue: das Stehen zu seinem eigenen Wert.

Frau M. hatte schon längere Zeit unter ihrer Abhängigkeit und Unehrlichkeit gelitten, doch letzter Anstoß für den Beginn der Therapie war ein neuer in Mann ihrem Leben: Mit ihm wollte sie nicht wieder so tun, „als ob".

Frau M. begann ihr Leben zu hinterfragen und ihren neuen Partner offen mit ihren Schwierigkeiten zu konfrontieren. Durch diese Gespräche entstanden viel Nähe und Erleichterung auf beiden Seiten, denn auch er hatte ihre Unechtheit gespürt und war froh, dass sie mit der Wahrheit herausgerückt war. Frau M. erfährt das erste Mal, für ihr authentisches

Frausein begehrt zu werden und nicht für vorgespielte Leidenschaft. Es ist neu für sie, dass jemand sie aufgrund ihrer natürlichen Ausstrahlung für attraktiv halten und sie um ihrer selbst willen lieben kann. Sie ist verunsichert, aber auch neugierig auf sich selbst. Die Freude an der eigenen Eroberung überwiegt inzwischen die Angst, auf das „Nichts" zu stoßen, auf eine grässliche Leere oder schmerzvolle Wahrheiten über sich selbst.

Mangelnde Selbsttreue äußert sich in einer fehlenden Basis in sich selbst – vergleichbar mit einem Fass ohne Boden –, was Unsicherheit, Ungeborgenheit, Misstrauen, äußerste Kränkbarkeit und Intoleranz nach sich zieht. Statt Verbundenheit erlebt man Fremdheit: Wie durch eine unsichtbare Wand ist man vom Rest der Welt getrennt.

Frau M. litt oft Höllenqualen, da sie nie wagte, nachzufragen oder etwas richtigzustellen.
 Sie erlebt sich jetzt insgesamt als mutiger, vertrauensvoller und abgegrenzter als früher. Da sie sich mehr und mehr auf sich selbst verlassen kann, hat sich ihre Angst vor dem Verlassenwerden verringert. Sie selbst als treue Freundin an ihrer Seite gibt sich nun Sicherheit in der Welt, was wiederum ihren Handlungsspielraum vergrößert.

In unserem sexuellen Verhalten kann unser intimstes Wesen zum Ausdruck kommen, aber eben nur, wenn wir uns ohne die Angst hingeben können, uns zu verlieren oder uns auszuliefern. So besteht ein ständiges Wechselspiel zwischen Selbsttreue und Beziehungsfähigkeit und erst ein stabiler Selbstwert macht eine Begegnung und damit auch eine sexuelle Begegnung zu dem, was sie sein sollte: ein freies und offenes Aufeinander-Zugehen und Sich-einlassen-Können.

Freiheit innerhalb von Bindung
Viele Menschen haben Angst vor engen Bindungen, weil sie glauben oder die Erfahrung gemacht haben, dass eine Partnerschaft Einschränkungen mit sich bringt. Doch einengend ist nicht die Partnerschaft an sich, sondern es ist das Aufgeben der Selbsttreue, welches zu Unfreiheit führt.

Wer verlangt wirklich von uns, dass wir ein anderer werden müssen in der Partnerschaft? Müssen wir uns Normen, Vorstellungen, Illusionen und Erwartungen tatsächlich unterordnen und uns selbst aufgeben? Wie lange ist das möglich? Und ebnet man nicht gerade damit den Weg für Unehrlichkeit und Heimlichkeit?

Je fähiger man zur ehrlichen Auseinandersetzung mit sich selbst und anderen ist, desto größer ist die Wahrscheinlichkeit, eine Liebesbeziehung längerfristig über alle Hürden zu bringen, denn wer sein Potential verwirklichen kann, der lässt auch dem anderen Freiraum: Beide fühlen sich innerhalb der Bindung wohl, weil jeder seine Möglichkeiten und Werte leben kann und darüber hinaus sich der Lebensvollzug durch gemeinsame Möglichkeiten erweitert und zu Synergieeffekten führt.

Beginnen Sie damit, sich zu befragen: Wenn Sie sich selbst und Ihre Wertewelt kennen, haben Sie bessere Chancen, einen passenden Partner/eine geeignete Partnerin zu finden.

Wir wollen Sie dazu anregen, Ansprüche an eine Beziehung zu stellen, welche aus Ihrem Wissen über den eigenen Lebensentwurf entstanden sind.

Schneller als man denkt, lebt man den Lebensplan der Eltern oder des Partners und schneller als einem lieb ist, stirbt die Liebe oder enden diese Beziehungen wieder.

Um sich selbst kennen zu lernen, müssen Sie sich nicht zurückziehen. Sie können durchaus in Beziehungen etwas über sich erfahren, doch nehmen Sie sich Zeit, Ihre Beweggründe genauestens zu hinterfragen, bevor Sie Ihr Leben durch schwer revidierbare Verbindlichkeiten verfestigen.

Mut in Beziehungen

„Menschliches Sein ist entschiedenes Sein."
Viktor Frankl

Wider die Halbherzigkeit in Beziehungen
Von der Freiheit innerhalb der Beziehung als ein Mehr an Möglichkeiten führt der Weg zur Tugend des Mutes. Auf den ersten Blick scheint es, dass zwischen Liebe und Mut kein Zusammenhang besteht, bei genauem Hinsehen aber gehören sie unzertrennbar zusammen, da beiden eine große Leidenschaft und Eindeutigkeit innewohnt. Weder Mut noch Liebe sind ohne klare Werte, Entschiedenheit und Risikobereitschaft denkbar. Die einzige Niederlage des Liebenden bestünde darin, nie für seine Liebe gekämpft zu haben.

Wie der/die Liebende prüft auch der/die Mutige, er/sie wägt ab, ist bereit, Risiken einzugehen, Nachteile und Verluste in Kauf zu nehmen. Durch die Überwindung der Angst ist es möglich, an Selbstwert und Kontur zu gewinnen, ist es bereits ein Erfolg, sich für etwas einzusetzen – unabhängig vom Ergebnis –, weshalb der Mutige auch eine Niederlage verkraftet, wenn der gewünschte Erfolg nicht eintritt.

Die Frage nach dem Mut beginnt meist mit Gefühlsnöten, die zu Sinnfragen führen. Etwas Neues, Stimmigeres muss beginnen, weil man vor sich selbst nicht mehr verleugnen kann, dass innere und äußere Welt weit auseinanderklaffen. Da jeder Neubeginn mit Trennung zu tun hat, ist man gezwungen, sich mit möglichen inneren oder äußeren Veränderungen auseinanderzusetzen.

Man kann davon ausgehen, dass sich bei einer mutigen Haltung immer wieder neue Sinnmöglichkeiten eröffnen, da man hoffnungsvoll und optimistisch in die Zukunft blickt. Damit verbunden sind Pläne, Ideen und die Sehnsucht nach einem erfüllten Leben. Der Mutige fasst sich ein Herz und weigert sich, Halbherzigkeit in Beziehungen zu einer Haltung werden zu lassen.

Kann man Mut lernen?
Wir alle leben in kleineren oder größeren wirtschaftlichen oder emotionalen Abhängigkeiten, daher unterscheiden sich unsere individuellen Spielräume der Freiheit. Doch jeder/jede kann im Rahmen seiner/ihrer Möglichkeiten mit kleinen Schritten damit beginnen, den eigenen Selbstwert zu stärken, mutiger zu werden, indem er/sie sich selbst konsequent befragt, was er/sie über eine Sache denkt und fühlt, und wie er/sie dazu steht – unabhängig von Konventionen, den Erwartungen und Meinungen der anderen.

In Beziehungen geht es immer um gelebte Werte, um Entscheidungen und entschiedenes Handeln: Es braucht Mut und Selbsttreue, um sich auf einen anderen Menschen wahrhaftig einzulassen, sich erkennen und kritisieren zu lassen, zu lernen, sich zu konfrontieren, unangenehme Themen anzusprechen, sich zu verändern, loszulassen, neu zu beginnen mit einem unbekannten Lebensweg …

Durch die Klarheit und die Offenheit, die sich im Mut ausdrücken, entstehen Vertrauen und Selbstvertrauen, wodurch das Fundament für die Entwicklung des Einzelnen und/oder für eine gemeinsame Entwicklung als Paar gelegt wird.

Präventives Beziehungscoaching

Warum Prävention immer wichtiger wird

Wenn man die gesellschaftliche Entwicklung der letzten Jahrzehnte betrachtet, kann ein zunehmender Individualisierungsprozess festgestellt werden, welcher große Veränderungen im Beziehungsgefüge mit sich bringt. Bedingt ist diese Entwicklung vor allem durch die Auflösung tradierter Rollen (nicht mehr nur der Mann als Alleinerhalter der Familie, die Frau zuständig für Kinder und Haushalt, sondern zunehmend gibt es Doppelverdiener, Alleinerzieherinnen, höhere Ausbildung von Frauen etc.) und die von der Wirtschaft geforderte Mobilität am Arbeitsmarkt.

Die gesellschaftlichen, wirtschaftlichen und religiösen Notwendigkeiten, die einer Beziehung Bestand verliehen haben, entfallen, eine Befreiung von Kontrollen und Zwängen findet statt. Damit verbunden werden aber auch jene Bedingungen außer Kraft gesetzt, die dem Menschen in früheren Zeiten Sicherheit gaben.

Die Lebenswelt des Einzelnen ist erfreulicherweise weiter und offener geworden, aber auch komplexer und widersprüchlicher. Zwar bringt die Erweiterung der Lebenswelt einerseits neue Wahl- und Handlungsmöglichkeiten, andererseits wird der Einzelne und noch viel mehr das Paar dadurch auf immer mehr Ebenen mit Entscheidungssituationen konfrontiert, aus denen Konflikte resultieren können. Enorme Eigenleistungen sind zur Schaffung der eigenen und noch mehr der gemeinsamen Welt notwendig. Die zentrale Frage ist, wie zwei Menschen mit ihren individuellen, oft sehr verschiedenen Lebensläufen sich treffen können und wie sie mit dem schwierigen Balanceakt „eigenes Leben und Leben zu zweit" umgehen.

Der Prozess der Individualisierung führt gleichzeitig dazu, dass Liebe immer wichtiger wird, denn je mehr stabilisierende Bezüge entfallen, desto stärker richtet sich unser Bedürfnis auf die Zweierbeziehung aus. Man fühlt sich allein oft dem Leben nicht gewachsen und als Paar besser dafür gewappnet, dem Leben Antwort zu geben: Die Liebe soll in einer Welt, die sich immer schneller dreht, Stabilität gewähren. Dadurch kann die Liebe aber überfordert werden und ohne dauernde konstruktive Auseinandersetzung brechen Beziehungen auseinander, wie es sich in den hohen Scheidungsquoten widerspiegelt.

So wird es Aufgabe von Beziehungscoaching und Paartherapie, Menschen beim Aufsuchen gemeinsamer Beziehungswege beratend und begleitend zur Seite zu stehen. Schwerpunkt dieser Coachings ist die Schulung der Beziehungsfähigkeit, welche eine Verbesserung der Kommunikationsfähigkeit und der Konfliktfähigkeit nach sich zieht.

Gerade bei der Partnerwahl gibt es keine kompetente Beratung wie in so vielen anderen Lebensbereichen, im Gegenteil: Man ist mit höchst unbrauchbaren Ratschlägen, Bildern und Mythen konfrontiert, die die Sache langfristig eher verschlimmern als vereinfachen. Dabei kommt es bereits in den frühesten Stadien der Partnerwahl und der Paarwerdung zu zahlreichen Missverständnissen, die zu diesem Zeitpunkt jedoch leicht korrigiert werden könnten. Doch auch bei großen Lebensveränderungen, wie sie durch Kinder, Umzug oder berufliche Anforderungen entstehen können, gibt es keine präventive Hilfestellung.

Wir halten präventive Maßnahmen für sinnvoll angesichts
- der vielen Verbindungen, die wider besseres Wissen eingegangen werden (ein gar nicht geringer Anteil an

Paaren ist bereits vor der Eheschließung unzufrieden mit der Beziehung, ignoriert diese Tatsache aber und will trotzdem heiraten),
- der unbewältigten Trennungen, die keine Lernschritte nach sich ziehen,
- der fortschreitenden Resignation durch falsche Partnerwahl,
- der vielen wirtschaftlichen, sozialen und psychischen Schädigungen durch Trennungen sowie
- den daraus resultierenden Familientragödien.

Präventives Beziehungscoaching hilft bei der Selbstklärung, um dasjenige, das man als wertvoll und wichtig für sich erachtet, auch in der Außenwelt vertreten zu können. Das braucht Zeit, weswegen die präventive Paarberatung Entscheidungsprozesse verlangsamt,
- um sich selbst und den anderen in aller Ruhe kennen zu lernen,
- die Qualität der Kommunikation sowie die Beziehungs- und Konfliktfähigkeit zu überprüfen und
- bei geplanten Lebensveränderungen die Konsequenzen abschätzen zu können.

Im Folgenden wollen wir die drei wichtigsten Bereiche, in denen das Präventive Beziehungscoaching zum Einsatz kommt, beschreiben und an konkreten Fällen zeigen, wie präventive Maßnahmen helfen können, dabei auftretenden Problemen vorzubeugen.

Paarwerdung

Von der Verliebtheit zur Liebe

Das Leben ist nicht durchgängig planbar. Doch gerade in der Phase der Paarwerdung können unüberbrückbare Unterschiede – die zu unlösbaren Konflikten führen können – ersichtlich und durch das Wissen um die eigenen Werte bereinigt werden.

Der Übergang vom Verliebtsein zum realistischen Erkennen des anderen verläuft meist krisenhaft. Je ekstatischer die Verliebtheit war, desto ernüchternder ist das Erwachen. Verliebtheit ist prinzipiell ein guter Beginn und eine große Chance für eine Beziehung, aber noch lange kein Garant für eine gelingende Partnerschaft.

Paare sollten lernen
a) **trotz Verliebtheit die Realität wahrzunehmen.**
b) **vorsichtig zu sein beim Übergang von der Verliebtheit zur Liebe.**

Ad a) Es ist davon abzuraten, im unkritischen Zustand des Verliebtseins große Entscheidungen zu treffen, wie folgender Fall exemplarisch zeigt:

Frau A. heiratete im Überschwang der Gefühle einen Mann, den sie erst drei Monate kannte. Schon bald stellte sich heraus, dass er völlig unzuverlässig, herrschsüchtig und manipulativ war. Als ihr erste Zweifel kamen, war sie bereits schwanger. Nach der Geburt des Kindes verschärfte sich die Situation durch seine extreme Eifersucht und Lieblosigkeit. Schließlich brachte sie sich und das

Kind in Sicherheit und reichte die Scheidung ein. Ihr Ex-Gatte verfolgte sie mit seiner Rache auf jede erdenkliche Weise. Fast zehn Jahre lang lebte sie in ständiger Furcht vor seinen Schikanen.

Mit diesem drastischen Fall wollten wir aufzeigen, dass Auseinandersetzung irgendwann notwendig wird: Tut man es nicht freiwillig und zur rechten Zeit, wird man später dazu gezwungen.

Unzählige Klientinnen und Klienten berichten, dass sie nach der Scheidung – als sie dachten, endlich ihre Ruhe zu haben – über die gemeinsamen Kinder oder finanzielle Verpflichtungen ständig gezwungen waren, sich weiterhin mit ihrem Ex-Partner auseinanderzusetzen.

Fragen an sich selbst in der Phase der Verliebtheit:

Kenne ich den Unterschied zwischen Verliebtheit und Liebe?
Kenne ich Gründe für meine Verliebtheit oder hat sie mich blind gemacht: Kann ich Stellung gegenüber dem anderen beziehen, ihn realistisch beurteilen?
Was ist aus meinen früheren Verliebtheiten geworden: Haben sie (gewollt oder zufällig) immer zu Beziehungen geführt?

Ad b) „Ende der Vorstellung" könnte man diese Phase nennen, in der die Projektionen (also unsere Vorstellung voneinander) mit der Realität zusammentreffen. Die realistische Sicht auf den anderen bewirkt meist ein Abflauen der euphorischen Gefühle und damit eine Krise. Viele Paare reagieren auf diesen Übergang mit großer Angst oder Enttäuschtheit: Sie klammern sich aneinander oder stoßen sich ab.

Beziehungscoaching hilft Paaren, diese Phase als eine natürliche statt eine krisenhafte Entwicklung zu begreifen, die einfach notwendig ist, damit jeder sich wieder auf sich selbst zurückorganisieren kann.

Ausgehend davon, dass die Realitätsprüfung des Paares positiv verlaufen ist und das Paar eine gemeinsame Zukunft will, fördert Präventives Beziehungscoaching die Dialogfähigkeit des Paares als Brücke für die verlorene Einheit der ersten paradiesischen Zeit. Auseinandersetzung und vertiefendes Kennenlernen müssen jetzt ebenso stattfinden wie der Aufbau innerer Verbindlichkeiten, einer gemeinsamen inneren Wertewelt und einer bewusst entschiedenen Haltung zueinander.

Vertrauen muss entstehen: dass etwas Tragfähiges und Stabiles da ist, wenn die Verliebtheit nachlässt und dass Liebe entstehen wird und darauf aufbauend sich immer wieder Phasen der Verliebtheit einstellen können.

Bei der Partnerwahl fängt es an

Wir leben in einer Zeit, in der uns so viele Möglichkeiten offenstehen wie nie zuvor. Heute haben wir die Möglichkeit, zu wählen: Wir können verschiedenste Beziehungen eingehen, ausprobieren und wieder beenden.

Auch Frauen haben endlich die Freiheit, *den* Partner zu wählen, den sie wollen. Sie werden nicht mehr von den Vätern verheiratet, können statt auf wirtschaftliche Versorgung auf ihr Herz achten oder sich dafür entscheiden, allein zu leben. Viele Frauen können inzwischen gut für sich selbst sorgen, haben eine solide Ausbildung, berufliche Pläne, einen stabilen Freundeskreis und interessante Hobbys. Ein breites Spektrum an Möglichkeiten steht ihnen zur Verfügung, aus dem Selbstwert und Identität bezogen werden können. Gleichzeitig kann sich eine Frau nach wie vor für die Ehefrau- und Mutterrolle entscheiden, wenn diese ihr entspricht, jedoch im Sinne einer freiwilligen Wahl und nicht mehr als die festgelegte und einzige Variante weiblicher Daseinsberechtigung.

Es gibt keinen Unterschied mehr hinsichtlich der Möglichkeiten: Frauen wie Männer können sich über ihre Lebenspläne Gedanken machen und davon ausgehend genau anschauen, welcher Partnerin/welcher Partner in ihr Leben passt.

Durch den Wegfall traditioneller Zwänge sind die „schicksalhaften" Ausreden hinfällig geworden, denn mit der Entscheidungsfreiheit wächst auch die Eigenverantwortung.

Die Türe ist offen: Nun brauchen wir nur noch Mut und Vertrauen, den Käfig zu verlassen, um unser Leben in Freiheit zu verbringen.

In der Phase der Partnerwahl und der Paarwerdung geht es primär um die Reflexion des eigenen Lebensentwurfes und in der Folge um das Erkennen, welche Partnerin/welcher Partner zum eigenen Leben passen könnte.

Ein junger Mann, der sich selbst als äußerst vernünftig und gefühlsarm beschreibt, ist bisher immer an die falschen Frauen geraten. Auf die Frage, woran er die „Richtige" erkennen würde, meint er: „Da verlasse ich mich auf mein Gefühl!"

Die wenigen Beziehungserfahrungen, die er mit Frauen hatte, haben ihn in seinen Vorurteilen bestätigt, dass es nur zwei Kategorien von Frauen gibt: die, die einen bemuttern wollen, und die, die zu einem Mann aufblicken möchten. Beide will er nicht, und da er noch nie darüber nachgedacht hat, welche Partnerin wirklich zu ihm passen könnte, hat er resigniert und findet das ganze Leben sinnlos. Da er nicht weiß, was er will, überlässt er den Frauen die Beziehungsdefinition, fühlt sich daraufhin dominiert und manipuliert, seiner Freiheit und Männlichkeit beraubt und bricht die Beziehungen wieder ab.

In den Beratungsgesprächen ging es darum, sich weniger mit seinen Phantasien über Frauen zu beschäftigen als vielmehr mit seinen eigentlichen Bedürfnissen, und um den Mut, sich damit einer Frau zu offenbaren.

Auch im folgenden Kapitel geht es um eine Möglichkeit der Partnersuche, welche die Gefahr in sich birgt, mehr den eigenen inneren Bildern und Illusionen nachzuhängen als der Realität ins Auge zu sehen.

Internetbeziehungen

Während man seine Partner noch bis vor einigen Jahren vorwiegend am Arbeitsplatz oder bei Freizeitaktivitäten unmittelbar und persönlich kennen lernte, findet heute bereits die Hälfte aller Erstkontakte virtuell statt: Das Internet bietet unbegrenzte Möglichkeiten der mehr oder weniger verbindlichen Kontaktaufnahme in Form von Flirts, Chats oder Partnerbörsen. Wurden früher Bekanntschaften, die über eine Kontaktanzeige zustande kamen, peinlich verschwiegen, so scheint es heutzutage keine Schande mehr zu sein, Partner über professionelle Vermittler kennen zu lernen. Computer berechnen die Wahrscheinlichkeit der Übereinstimmung und diverse Filterprogramme übernehmen die Vorauswahl, um ungleiche Paare möglichst von vornherein auszuschließen. In ihrer Nüchternheit erinnert diese technokratische Vorgangsweise an schriftliche Bewerbungen. Ähnlich wie am Arbeitsmarkt hat, wer im Internet auf Partnersuche geht, mit ungeheurer Konkurrenz zu rechnen: Immer sind unzählige Mitbewerber da, die ebenso aggressiv auf der Suche nach dem besten Fisch im Netz sind. Dieses Wissen um die Konkurrenz verleitet zu einer Haltung der optimalen Selbstvermarktung und somit zu einer Inkongruenz zwischen der eigenen Person und dem künstlichen Produkt „Ich-Aktie". Die Konzentration auf Verpackung und Selbstdarstellung geht auf Kosten von Inhalt und Authentizität.

Studien haben gezeigt, dass die Partnersuche im Internet trotz der großen Auswahl inklusive Entscheidungshilfe nicht schneller zu einer fixen Partnerschaft führt als auf altbewährtem Wege: Bis sich eine ernste Partnerschaft ergibt, dauert die Suche durchschnittlich drei Jahre. Zudem wurde festgestellt, dass Internetbeziehungen trotz vermeintlich sorgfältiger Vorauswahl nicht sehr stabil sind. Diese Ergebnisse, ebenso wie unsere

Erfahrungen als Paartherapeuten, haben uns bewogen, darüber nachzudenken, wie man, die Vorteile des Internets nutzend, die Nachteile durch Präventives Beziehungscoaching minimieren könnte. Zuvor aber wollen wir einige Motive aufzeigen, die zur Partnersuche im Internet führen, wobei es fließende Übergänge gibt und kombinierte Motive vorliegen können.

Was sind die Motive, sich auf Partnersuche im Internet zu begeben?

- Wenig Kontaktmöglichkeiten im Alltag
Es ist ein Phänomen unserer Zeit, dass die veränderten Bedingungen der Arbeitswelt (neue Selbstständigkeit, Kleinstbetriebe, Telearbeit) einen Verlust von sozialen Kontakten mit sich bringen und somit die Möglichkeiten, unverfänglich neue Menschen kennen zu lernen, seltener geworden sind.
Ebenso verwenden auch jene Personen das Internet zur Partnersuche, die zu wenig Zeit oder zu viel Stress in ihrem Leben haben, um andere Personen wahrzunehmen und mit ihnen Kontakt aufzunehmen.

- Kontakte führen nicht zu Beziehungen
Personen, die zwar über gutes Kontaktvermögen verfügen, denen es aber nicht gelingt, die erstrebte Beziehung daraus entstehen zu lassen.

- Beziehungsschwierigkeiten/unglückliche Partnerwahl
Personen, die ernsthaft daran interessiert sind, durch eine gezielte computergestützte Vorauswahl im Internet eine bessere Struktur in ihre Partnerwahl zu bringen. Ferner jene Personen, die zwar immer wieder Beziehungen haben, denen es aber nicht gelingt, diese Beziehungen aufrechtzuerhalten.

- Mangelnder Selbstwert betreffend Kontakt- und Beziehungskompetenz
  Personen, denen es, sei es, weil sie schüchtern oder gehemmt sind, nicht gelingt, Kontakte zu knüpfen oder zu erwidern, und Personen, die aufgrund von Schamgefühlen oder Versagensängsten ein Vermeidungsverhalten entwickelt haben.

- Suche nach eingeschränkten Kontakten (Sex, bestimmte Hobbys)
  Personen, die nicht die Totalität einer einzigen Beziehung anstreben.

- Internet als Selbsthilfegruppe (Verlassene, Geschiedene, Alleinerziehende etc.)
  Jene Personen, die Unterstützung, Verständnis und Übereinstimmung in ihrer momentanen Lebenssituation suchen. Nicht die gemeinsamen Interessen und Werte, sondern dasselbe Schicksal dominiert hier die Partnerwahl.
  Weiters auch jene Personen, die sich in einer Krise befinden, einsam sind und auf der Suche nach jemandem, der die Mängel in gewissen Bereichen (z.b. den verstorbenen Partner, mit dem man so schöne Reisen unternommen hat) ersetzen könnte.

Zur Vervollständigung des Bildes wollen wir aber auch jenen Personenkreis erwähnen, der das Internet dazu nutzt, persönliche Probleme und Defizite auszuleben oder diese zu kompensieren.

Wir denken an jene Personen, die
- Befriedigung darin finden, anonym Kontrolle über andere auszuüben,
- übergroße Angst vor realen Beziehungen haben,
- süchtig nach immer neuen Kontakten sind,

- mit falschen Identitäten spielen.

Jene Personen wollen in fremde Leben eindringen, um Intimes über andere zu erfahren, oder sie bilden sich ein, Beziehungen zu haben, obwohl sie Begegnungen vermeiden und sich mit Hilfe dieser künstlichen Beziehungen vor Nähe und realer Beziehung schützen.

Folgende Selbsterfahrungsfragen können hilfreich sein:

> *Warum und wonach suche ich im Internet?*
> *Sind meine Erwartungen realistisch?*
> *Welche Gefühle und Gedanken begleiten mich bei meiner Suche?*
> *Stelle ich durch mein virtuelles Leben im Netz emotionale und kognitive Veränderungen bei mir fest?*

Der Fokus des Beziehungscoachings liegt bei jenen Paaren, die an einer ernsthaften Beziehung interessiert sind, und nicht bei jenen, die eine Kontaktaufnahme aus welchen Gründen auch immer anstreben. Dazu wollen wir vorweg auf die strukturellen Gegebenheiten und Gefahren des Mediums Internet hinweisen.

Was fehlt dem Medium Internet hinsichtlich einer Begegnung im realen Leben?
- Die Individualität und Einzigartigkeit einer Begegnung
- Die gesprochene Sprache, der Klang der Stimme, Zwischentöne
- Nonverbale sinnliche Informationen: Mimik, Gestik, Körpergeruch, „Chemie"
- Die Unmittelbarkeit des Erfühlens, was die Person des anderen ausmacht
- Die Spontaneität im Ausdruck
- Die Ausstrahlung des anderen

Wozu kann die Suche nach einer Partnerin/eines Partners über das Internet führen?
- Zur Verwechslung von Kontakt und Beziehung (Oberflächlichkeit statt Vertiefung)
- Zu Überforderung bei Entscheidungen durch das unendliche Angebot an Möglichkeiten
- Zu einer Verflachung und Beliebigkeit der Gefühle, wenn man alle Möglichkeiten offenhalten will
- Zu Unverbindlichkeit und Austauschbarkeit (Konsumverhalten)
- Zu missbräuchlichem Benutzen anderer Menschen (gegen die eigene Leere und Langeweile)
- Zu falsch verstandener Offenheit, Nähe und Intimität (dem Entwicklungsstand der Beziehung nicht adäquat)
- Zur Vermeidung wichtiger Gefühle, weil man nach einer Abfuhr einfach zum Nächsten weiterklicken kann
- Zu Täuschungen, weil das Geschriebene nicht immer der Realität entspricht und somit Bilder und Illusionen genährt werden
- Zu Suchtverhalten, weil man sich jederzeit Spannung verschaffen kann (gesteigert noch durch die Heimlichkeit dieses Vorgangs)

Das Medium Internet ist dort besonders zielführend, wo es um Kontakte geht, und es ist voller Tücken, wo eine seriöse Paarbeziehung angestrebt wird.
Je wichtiger der Beziehungsaspekt ist, desto wichtiger ist die Prävention.

Worauf sollen Paare achten, die sich übers Internet kennen gelernt haben und nun eine Beziehung gestalten wollen?

Trotz der faszinierenden Möglichkeit, Kontakte über das Internet herzustellen, dabei viele mögliche Partner kennen zu lernen, einige auszuwählen und sich vielleicht für einen zu entscheiden, muss Beziehungsarbeit neu begonnen werden, wenn sich zwei Menschen erstmals physisch gegenübertreten und tatsächlich begegnen.

Das erste Treffen ist natürlich beeinflusst durch die virtuelle Vorgeschichte, was unserem Erachten nach eher eine Erschwernis denn eine Erleichterung des Kennenlernens bedeutet. In der ersten Phase der Partnersuche über das Internet steht, wie bereits erwähnt, das Selbstmarketing im Vordergrund, die Absicht, ein möglichst gutes Bild von sich zu entwerfen. Diese fokussierte Beschäftigung mit sich selbst lässt manchmal vergessen, die Aussagen des anderen zu hinterfragen. Ein weiteres Problem der Selbstdarstellung ist, dass man sich selber nicht ganzheitlich und wahrhaftig darstellen kann. Jeder beschreibt sich, ob geplant oder unbewusst, nur in Ausschnitten und präsentiert sich auf eine ganz bestimmte Art und Weise. Das tatsächliche Kennenlernen müsste ein Anfang sein, die meisten Paare sind aber so fixiert auf ihren Beziehungswunsch, dass sie auf einem künstlichen, nicht gewachsenen Fundament aufbauen und sich nicht die Mühe machen, die bisher geglaubte Nähe, die angenommene Offenheit, Verbindlichkeiten und Freundschaft neu zu hinterfragen und zu begründen.

Auch die schriftliche Kommunikation hat ihre eigenen Gesetzmäßigkeiten, so bietet das Schreiben etwa die Möglichkeit, Zeit zu gewinnen, um sich Strategien zu überlegen, bevor man antwortet. Wann immer man in Stimmung ist, kann man ungestört von der Anwesenheit des anderen seinen Monolog formulieren.

Doch nun steht man einander erstmals gegenüber und ganz andere Fähigkeiten sind gefragt: der spontane Dialog, die Unmittelbarkeit der emotionalen Stellungnahme, die Auseinandersetzung damit und das sensible Ausloten von Nähe und Distanz. Stimmungen und Gefühle stellen sich anders dar, wenn das Physische hinzutritt. Gesten, Mimik, die Art der Kommunikation haben in der spontanen Äußerung eine andere Bedeutung, Reaktionen sind völlig anders. Möglicherweise tritt durch das Wegfallen von Vorstellungen und Projektionen eine Enttäuschung ein, die vergleichbar mit dem Übergang von der Verliebtheit zur Liebe ist. Vorausgesetzt, dass man sein Gegenüber auch körperlich anziehend findet, ist nun aus den Fragmenten und den Momentaufnahmen ein Ganzes zu formen, die Bilder im Kopf müssen übersetzt und mit der Realität konfrontiert werden. Ein sorgfältiger Prozess der Annäherung muss stattfinden. Auch wenn man meint, sich gut zu kennen, ist man sich tatsächlich noch fremd. Da in der ersten Phase meist der Beziehungswunsch so stark im Vordergrund steht, wird zu wenig Augenmerk auf die Person des anderen gelegt. Orientierte man sich in der Kontaktphase vor allem an Merkmalen – ob groß, blond, Akademiker usw. –, so gilt es nun, Werte zu erkennen und zu erfassen, etwa sich mit jemandem interessant unterhalten können oder zu erleben, wie jemand mit seinen Mitmenschen umgeht. Wer andere Menschen wirklich kennen lernen will, braucht eine Menge an personalen Fähigkeiten wie gute Wahrnehmungsfähigkeit, Menschenkenntnis, Werteorientiertheit und ein hohes Reflexionsvermögen.

Dieses Wissen um die strukturellen Gegebenheiten des Internets als Informationsmedium ist ebenso ein entscheidender Aspekt der Prävention wie das Wissen um die Motive des anderen.

Informationen nicht mit Erfahrungen zu verwechseln und Kontakte nicht für Beziehungen zu halten, kann vor Enttäuschungen und unangenehmen Erlebnissen schützen.

Lebensentwurf und Partnerwahl

Bereits im Kindesalter entstehen vage Wünsche und Vorstellungen über das eigene Leben, diese bilden sich in jugendlichen Jahren stärker heraus, bleiben jedoch meist schemenhaft und werden erst im Erwachsenenalter konkret.

Was über längere Zeit planlos wirkt, verfestigt sich oft in der Rückschau zu einem klar ersichtlichen Grundriss und läuft hinaus auf die Planung des eigenen Lebens mit der Absicht, die gesteckten Ziele tatsächlich zu verwirklichen.

Die ersten, unausgegorenen Lebensentwürfe sind eher unbewusste Zustimmung oder Ablehnung in Bezug auf die eigene Familienkonstellation, auf jeden Fall sind sie stark geprägt durch den Lebensstil der Eltern, das Milieu, die kulturellen Werte und die Traditionen, in die man hineingeboren wurde.

Der eigene, individuelle Lebensentwurf wird erst sukzessive zum Gegenstand *bewusster* Entscheidung: durch die Auseinandersetzung mit dem eigenen Wesen und der eigenen Wertestruktur.

Bevor wir an späterer Stelle den jeweils eigenen Lebensentwurf mit der Partnerwahl verknüpfen, wollen wir Ihnen einige allgemeine Fragen zu Ihrem individuellen Lebensentwurf stellen:

> *Können Sie bei sich einen Lebensplan erkennen, einen „roten Faden", der sich durch Ihr Leben zieht? Ist dieser rote Faden eine Folge von Entscheidungen oder rein zufällig? Entspricht dieser Lebensentwurf Ihrem Wesen/Ihrer Persönlichkeit?*
> *Was war Ihnen schon immer wichtig?*

Haben Sie Ihre Lebenspläne schon einmal oder öfters geändert und warum?
Erkennen Sie eine klare Wertestruktur in Ihrem Leben?
Welche Werte scheinen Ihnen auch zukünftig unverrückbar?
Was können Sie besonders gut, wo liegen Ihre Talente?
Wie wollen Sie zukünftig mit Ihren Möglichkeiten umgehen?
Wofür würden Sie kämpfen?
Wofür wollen Sie sich auch zukünftig einsetzen?
Welchen Herausforderungen möchten Sie sich stellen, welche Visionen schlummern in Ihnen?

Mit dem Erkennen Ihres eigenen Lebensentwurfes erlangen Sie jene innere Orientierung, mit deren Hilfe Sie leichter erkennen werden, welche Lebensform und welcher Partner/welche Partnerin zu Ihnen passen könnte.

Drum prüfe, wer sich bindet ...

Den richtigen Partner zu finden bzw. eine Partnerschaft so zu gestalten, dass sie gute Chancen hat, die Mühen des Alltags zu überdauern, stellt eine große Herausforderung dar. Es gibt keine absolute Sicherheit für das Gelingen einer Beziehung, aber es gibt Möglichkeiten, typische Fehlerquellen zu vermeiden. Anhand Ihres Lebensentwurfes können Sie in einer bestehenden oder für eine zukünftige Partnerschaft herausfinden, in welchen Bereichen eine Übereinstimmung mit den Interessen und der Rolle des Partners/der Partnerin möglich ist und in welchen Lebensbereichen die Gefahr einer Unvereinbarkeit droht. Eine Partnerschaft kann nur dann ungestört von Dauer sein, wenn die Lebenspläne beider Partner vereinbar sind und eine Vermehrung der Kommunikation bewirken.

Gemeinsame Ziele
Übereinstimmungen in grundsätzlichen Fragen der Lebensgestaltung sind absolute *„Muss-Ziele"*: Wenn sie nicht gegeben sind, wird ein Partner verzichten müssen und möglicherweise das Gefühl haben, etwas für ihn elementar Wichtiges in seinem Leben versäumt zu haben. Oder er setzt sich durch und zwingt dem anderen seine Lebensform auf, was diesen wiederum in dessen Freiheit und Lebensentwurf einschränkt. Im Bereich der Muss-Ziele gibt es ohne Konsens keinen befriedigenden Kompromiss: Einer verliert und beide leiden darunter.

In anderen Fragen der gemeinsamen Lebensgestaltung (Interessen, Lebensstil, Freunde, religiöse und gesellschaftspolitische Einstellung etc.) mag es schön sein, wenn der Partner Ähnlichkeiten in seinen Ansichten und Handlungen aufweist, eine völlige Übereinstimmung ist jedoch nicht notwendig. Hier lassen sich leichter zufriedenstellende Kompromisse finden.

Doch auch diese „**Wunsch-Ziele**" können sich als Säulen der Paaridentität oder als Konfliktfelder erweisen.

Nicht immer liegen die Gemeinsamkeiten oder Differenzen offensichtlich auf der Hand – es bedarf eines genauen Hinsehens und Erforschens der Beweggründe des anderen, um sich weder im positiven noch im negativen Sinne zu täuschen, wie nachfolgendes Fallbeispiel zeigt:

Herr und Frau K. lernten einander vor zwölf Jahren auf einem Seminar kennen und kamen trotz einer gewissen Fremdheit bald in ein angeregtes Gespräch.

Er entsprach weder von seinem Aussehen noch von seinem Geschmack oder Lebensstil her ihrem Bild von einem Partner. Dennoch blieben die beiden in Kontakt, führten immer wieder lange Diskussionen mit völlig unterschiedlichen Ausgangspunkten, welche aber häufig Gemeinsamkeiten zutage treten ließen, die beide überraschten.

Die Auseinandersetzung mit dem ganz anderen machte sie neugierig und beim genaueren Nachfragen entdeckten sie gemeinsame Werte bezüglich Beruf, Kultur, Reisen und Sport sowie eine verblüffende Übereinstimmung in wichtigen Lebensanschauungen. Verschiedene Krisen und Konflikte, bei denen der andere sich jeweils unaufgefordert loyal und unterstützend verhielt, festigten die Freundschaft.

Die gegenseitige Wertschätzung und die daraus resultierende Qualität der Kommunikation führten schließlich zu einer tiefen Liebe.

Herr und Frau K. meinen, dass sie sich nie falsche Vorstellungen voneinander gemacht hätten und daher auch nie voneinander enttäuscht gewesen seien. Das Befremdliche zwischen ihnen sei ein Glück gewesen, weil sie sich dadurch erst gründlich kennen gelernt hätten und nichts selbstverständlich gewesen sei.

Sexualität
Wenn wir eine Analyse der Möglichkeiten eines Paares vornehmen, dann beinhaltet das ebenfalls eine Analyse der sexuellen Möglichkeiten als eines elementaren Themas, das den Menschen lebensnotwendig und ein Leben lang begleitet. Sexualität ist ein Phänomen für sich allein, das jeden Menschen auf irgendeine Art und Weise betrifft und betroffen macht. Dennoch findet die Partnerwahl meist unter anderen Gesichtspunkten statt und die oft von Anfang an bestehenden, deutlich ersichtlichen Disharmonien hinsichtlich sexuell-erotischer Bedürfnisse werden ignoriert oder unterschätzt.

Unserem Erachten nach sollte die Partnerwahl auch unter dem Blickwinkel von Sexualität und Erotik stattfinden und in jeder Ehevorbereitung die Wichtigkeit der Sexualität für den Einzelnen und das Paar hinterfragt werden. Da eine nicht zufriedenstellende oder mangelnde sexuelle Kommunikation in Paarbeziehungen dasjenige Phänomen ist, welches nach unseren Beobachtungen am ehesten zu Untreue führt, könnten in der prophylaktischen Auseinandersetzung mit Liebe und Sexualität rechtzeitig Schwachpunkte erkannt und somit viele Enttäuschungen vermieden werden. Viele sexuell motivierte Außenbeziehungen führen letzten Endes zu Trennungen von Partnern (und Kindern), welche sehr schmerzhaft und folgenreich sind.

Ein Ehepaar, seit zehn Jahren verheiratet, sucht in einer Krisensituation eine Paartherapie auf. Schon bald zeigt sich eine chronifizierte Krise, die aus unvereinbaren Lebensentwürfen resultiert. Aus der ursprünglichen Liebe ist eine Hassliebe geworden, weil beide voneinander etwas fordern, was der andere nicht zu geben bereit ist. Frau B. wünschte sich immer Kinder und hat ihr Lebenskonzept gegen den Willen ihres Mannes durchgesetzt.

Herr B. wollte sein Leben genießen, am besten mit seiner Frau als Geliebter und Gefährtin, mit der er guten Sex haben und schöne Reisen machen wollte. Das Paar hat nach der Geburt des ersten Kindes ein Haus gekauft und sich langfristig in Schulden gestürzt. Es lebt jetzt am Rande der Armutsgrenze, Urlaube sind selten möglich. Für Herrn B. sollte die Partnerin das Wichtigste in seinem Leben sein, für Frau B. sind die Kinder eindeutig an erster Stelle. Herr B. hat große Schwierigkeiten, seine Kinder anzunehmen, haben sie ihm doch die Aufmerksamkeit seiner Frau und seine Freiheit weggenommen. Sex spielt eine wichtige Rolle im Leben von Herrn B., trotzdem hat er Frau B. geheiratet, die sich vor diesem Bereich ekelt und sich von ihm permanent unter Druck gesetzt fühlt. Es gab in keiner Phase ihrer Partnerschaft eine befriedigende Sexualität für beide. Frau B. litt von Anfang an unter starken Schmerzen beim Geschlechtsverkehr und unter Anorgasmie. Herr B. rächt sich für das Leben, das sie ihm „aufgezwungen" hat, indem er sie immer wieder betrügt. Beide leiden außerdem unter diversen psychosomatischen Beschwerden.

Auch wenn das Paar zusammengeblieben ist und äußere Verbindlichkeiten geschaffen hat, befindet es sich innerlich seit Jahren auf Trennungskurs.

Paartherapeutisch gesehen, hat das Paar eine sehr schlechte Prognose, weil beide unverrückbare Werte in sich tragen, deren Verwirklichung zum je eigenen Wesen gehört.

Interviews mit jungen Paaren

Das *Institut für Beziehungscoaching* hat Interviews mit jungen Paaren im Alter zwischen 20 und 28 Jahren durchführen lassen. Wir waren daran interessiert, zu erfahren, ob heutzutage junge Leute ihre Partnerwahl bewusster treffen und ihre Lebensplanung nach anderen Gesichtspunkten gestalten als noch ihre Eltern und Großeltern.

Auszugsweise werden wir einige Fallbeispiele von jungen Paaren schildern, die entweder vor einer größeren Lebensveränderung stehen oder eine solche gerade hinter sich haben. Die Interviewfragen bezogen sich vor allem auf die Kommunikations- und Konfliktfähigkeit der Paare sowie auf die eigene und die gemeinsame Wertewelt. Wir wollten herausfinden, wie junge Paare mit den Themen Lebensgestaltung und Lebensveränderungen umgehen, und wollten ferner untersuchen, ob bereits zu diesem Zeitpunkt potentielle Konfliktfelder und Schwachstellen, vielleicht auch nur schemenhaft, erkennbar werden, da bereits in den Anfängen die Weichen für die zukünftige Beziehungsqualität gestellt werden.

Fallbeispiel 1
„Alles wird besprochen und gemeinsam geplant."

Frau E. und Herr S. (22 und 24 Jahre alt) sind seit vier Jahren ein Paar. Nach einer zweijährigen Fernbeziehung leben sie nun schon seit zwei Jahren zusammen in einer Wohnung im Haus seiner Eltern und sind sehr glücklich dort. Bei den Zukunftsplänen gab es nie große Diskrepanzen, alles wird besprochen und gemeinsam geplant. Beide möchten eine Familie gründen und ihr Leben miteinander verbringen. Frau E. ist im achten Monat schwanger und das Paar kann die Geburt kaum erwarten. Eine Hochzeit ist im darauf folgenden Jahr geplant und in drei bis fünf Jahren soll ein eigenes Haus gebaut werden. Sie haben ein gemeinsames Konto und nicht vor, einen Ehevertrag zu machen, da dies für beide einer misstrauischen Haltung gleichkäme. Generell wird viel kommuniziert und alle Entscheidungen werden vorher mit dem Partner besprochen.

Ein Übergang zwischen Verliebtheit und Liebe war erst im Nachhinein erkennbar und beide bevorzugen das „Liebesstadium", da dies ihrer Vorstellung von Beziehung mehr entspricht. Die Fernbeziehung empfanden beide als sehr anstrengend und seit sie gemeinsam wohnen, gibt es weniger Probleme und mehr Geborgenheit.

Beide glauben, trennungsfähig zu sein, wenn die Beziehung unglücklich werden würde, konkret wurde jedoch eine Trennung noch nie in Betracht gezogen und über das jeweilige Verhalten im Trennungsfall wurde noch nicht nachgedacht.

Beiden Partnern ist die Meinung der jeweils eigenen Ursprungsfamilie über den Partner wichtig und hier gab es nie Probleme. Die Sexualität ist ein beständiger Teil der Beziehung, eine sexuelle Basis ist ihrer Ansicht nach notwendig und es wird von ihnen ausreichend und unbefangen darüber gesprochen.

Erfahrungen mit dem Konfliktverhalten des anderen sind vorhanden und manchmal wird der weitere Verlauf eines Streits gezielt beeinflusst. Es gab zwar noch keinen gravierenden Konflikt in der Partnerschaft, doch gibt es auch keine Angst, Konflikte auszutragen, da die Beziehung schon sehr fundiert ist. Konfliktträchtige Situationen werden sofort angesprochen. In Hinsicht auf Problemsituationen sagen beide einstimmig: „Der Partner ist immer die erste Vertrauensperson."

Die Partnerwahl war nicht bewusst, sie können auch nicht genau sagen, wann die Entscheidung für den Partner gefallen ist – die Lebensplanung beider deckte sich jedoch von Anfang an sehr gut, prinzipiell war es Gefühlssache. Beide wissen, wieso sie mit dem anderen schon so lange zusammen sind, können dies aber nicht verbalisieren, da sie meinen, dass Worte dem nicht gerecht werden. Manche Lebensumbrüche bzw. einige schwierige Lebenssituationen (Tod eines Angehörigen, Probleme mit der Arbeitssituation) wurden gemeinsam bewältigt oder gelöst. Beziehungsarbeit wird als absolut notwendig angesehen und man ist immer darauf bedacht, Konfliktpotential zu vermeiden.

Sehr positiv fällt auf, dass es gute Perspektiven und große Klarheit in ihrer Lebensplanung gibt, über die auch ausreichend kommuniziert wird. Beide sind sich darin einig, eine Familie gründen zu wollen, und planen die nötigen Schritte gemeinsam.

Worüber könnte sich dieses Paar im Sinne eines Präventiven Selbstcoachings Gedanken machen?
Eine mögliche Schwachstelle könnte gerade in den herausragenden Werten Familie, Geborgenheit, Gemeinsamkeit liegen. Die Beziehung der beiden erscheint fast zu perfekt angesichts der völligen Übereinstimmung in der Lebensplanung – nichts Trennendes existiert.

Frau E. und Herr S. richten derzeit ihre gesamten Anstrengungen darauf, sich und ihren Kindern ein Zuhause voller Liebe und Geborgenheit geben zu können. Genau dieser dominante Lebensbereich Familie könnte jedoch auch einmal zu einem Problem werden: Wann immer ein Wert so auffallend überwiegt, sollte man sich fragen, was einmal übrig bleibt, falls es diesen nicht mehr gibt oder man in diesem Bereich enttäuscht wird.

Frau E. ist direkt von ihrer Ursprungsfamilie zur Schwiegerfamilie gezogen und hat sehr jung ihre eigene Familie gegründet. Bei Herrn S. verhält es sich ähnlich: Auch er hat eine starke emotionale Bindung an seine Eltern und ist nach dem Studium wieder in sein Elternhaus zurückgekehrt. Das Verliebtheitsstadium war beiden zu anstrengend, Sicherheit hat einen sehr hohen Stellenwert, Unsicherheit wird schlecht ausgehalten.

Aus präventiver Sicht müsste man dem Paar raten, das Individuelle etwas stärker in den Mittelpunkt zu stellen und trotz Familienidylle mehr auf partnerschaftliche Akzente zu achten. Momentan werden andere Werte wie Freundschaften und Eigeninteressen im Hintergrund gehalten und haben keine große Bedeutung. Dies könnte in einigen Jahren, wenn die Kinder größer und unabhängiger werden, zu Unerfülltheit führen.

Hier könnten die Partner etwas mehr reflektieren und sich vermehrt mit sich selbst auseinandersetzen. Folgende Fragen könnten hilfreich sein:

> *Weiß ich auch alleine mit meiner Zeit etwas anzufangen?*
> *Was sind meine persönlichen Interessen, abgesehen von meiner Familie? Kann ich auch einmal eine Zeit getrennt sein von meinem Partner/meiner Familie?*
> *Was für ein Leben würden wir führen, wenn wir keine Kinder hätten?*

Fallbeispiel 2
„Eigentlich wählen wir uns immer noch."

Die Beziehung von Frau L. und Herrn W. (23 und 26 Jahre alt) ist noch sehr jung. Sie sind seit einem Jahr zusammen und sehen sich außer in den Ferien nur an den Wochenenden, da Frau L. in einer anderen Stadt studiert. Zwar besteht bereits der Wunsch nach einer gemeinsamen Wohnung, die Ausbildung geht jedoch noch vor und so wird es in den nächsten zwei Jahren bei getrennten Wohnverhältnissen bleiben. Wenn die Ausbildung beendet ist und die Beziehung dann noch so gut funktioniert wie jetzt, möchten sich beide eine gemeinsame Wohnung suchen.

Die Pläne für gemeinsame längerfristige Zukunftsvorhaben sind noch sehr vage, zu viele Faktoren sind noch unsicher, doch bauen die beiden gerne Luftschlösser. Über generelle Wünsche des anderen bezüglich der Zukunft wird jedoch relativ oft gesprochen und es gibt hier keine großen Diskrepanzen.

Die Partnerwahl von Herrn W. erfolgte bewusst: Er hat Frau L. erobert. Das Paar beteuert aber: „Eigentlich wählen wir uns immer noch."

Es wird ein gewaltiger Sprung beschrieben – etwa nach vier Monaten – von einer sogenannten Antastungs- bzw. Verliebtheitsphase zum jetzigen Zustand der Beziehung: „Wir wurden viel sicherer miteinander, das Vertrauen ist gestiegen, wir sind uns nähergekommen und die Beziehung hat an Wert gewonnen. Man hat jetzt mehr das Gefühl, einen Partner zu haben."

Über Trennung wurde schon nachgedacht und gesprochen, gewisse Dinge (wie z.B. fairer und respektvoller Umgang miteinander) wurden vereinbart. Finanziell gebe es hier keine Probleme, es existiere kein gemeinsamer Besitz und auch keine gemeinsamen Ausgaben.

Liebesverlust und Gleichgültigkeit dem anderen gegenüber wären für beide die wesentlichsten Trennungsgründe, weil man das dem Partner nicht antun möchte. „Das hat der Partner nicht verdient", meinen beide.

Der Sex ist nach der „Kennenlernphase" viel reibungsloser, entspannter und abwechslungsreicher geworden und nun ein erfüllender und wesentlicher Bestandteil der Beziehung. Einen großen Konflikt hat es in der Partnerschaft noch nicht gegeben, die Erfahrungen beschränken sich auf kleinere Streitereien, die man eher als angeregte Diskussionen bezeichnen könnte. Frau L. provoziert gerne, Herr W. bleibt meistens sehr sachlich. Beiden ist es wichtig, dem Partner auch in Konfliktsituationen mit Respekt gegenüberzutreten. „Es ist viel fruchtbarer, bis zur Lösungsfindung zu diskutieren, als sinnlos herumzubrüllen und sich gegenseitig zu kränken." *Das Paar versucht gerade, eine gemeinsame Streitkultur zu entwickeln, und hat es sich zur Gewohnheit gemacht, prinzipiell am nächsten Tag noch einmal über die Meinungsverschiedenheiten vom Vortag zu sprechen, um sicherzugehen, dass keine negativen Gefühle hängen bleiben. Beide wissen, wieso sie mit dem anderen zusammen sind, sie ergänzen sich gut, unterstützen sich gegenseitig und versuchen ein ausgeglichenes Verhältnis zwischen Geben und Nehmen zu schaffen.*

Es ist in diesem Fall sehr positiv zu bewerten, dass noch lustvoll und offen auch von individueller Zukunft gesprochen werden kann und nicht alles der gemeinsamen Zukunft untergeordnet wird. Es gibt noch keine Abhängigkeiten, dafür viele Optionen: Die Möglichkeiten werden durch die Beziehung vergrößert und nicht verkleinert. In dieser Partnerschaft ist es noch ohne Einschränkungen möglich, sich persönlich zu entfalten, etwa beruflich ein Jahr im Ausland zu verbringen, was bei manchen Paaren, die schon einen sehr eingefahrenen Alltag haben, undenkbar wäre.

Zusammenfassend kann man sagen, dass Frau L. und Herr W. den Übergang zur Liebe bei gleichzeitigem Erhalt ihrer Verliebtheitsgefühle sehr gut gemeistert haben. Aus den Antworten und Zitaten der beiden kann man erkennen, dass sie sich – trotz der rosaroten Brille in der Verliebtheitsphase – gegenseitig realistisch geprüft haben und die Partnerwahl sehr glücklich verlaufen ist.

Fallbeispiel 3
„Ich spürte ein Netz hinter meinem Rücken."

Frau A. und Herr N. (24 und 27 Jahre alt) sind schon seit vier Jahren glücklich liiert. Sie zogen nach einem Jahr Beziehung in eine gemeinsame Wohnung. Sie sind sehr zufrieden mit der Wohnsituation und können sich gar nicht mehr vorstellen, getrennt zu leben. Es gibt gemeinsame Lebenspläne, in die Berufs- und Kinderwünsche miteinbezogen werden und die auch durchaus realistisch sind. Mit der Umsetzung wird man jedoch noch ein bisschen warten, da die finanziellen Mittel (für ein eigenes Haus, Kinder etc.) noch nicht ausreichen. Die Entscheidung für eine gemeinsame Zukunft ist jedoch gefallen. Nach dem Übergang von der Verliebtheit zur Liebe wurde die Beziehung viel intensiver und intimer. Sexualität ist ein beständiger Part in der Beziehung, über den man unbefangen sprechen kann, obwohl sich die Frequenz seit Beginn der Beziehung bereits vermindert hat. Die erste Partnerwahl war nicht bewusst, aber die Entscheidung für den Partner sehr wohl. Beziehungsarbeit stufen beide als sehr wichtig ein und auch, die Beziehung nicht als selbstverständlich hinzunehmen.

Es wurde auch schon einmal über eine mögliche Trennung nachgedacht, das Bewusstsein, dass die Beziehung endlich sein könnte, ist da. Beide machen den Eindruck, als würden sie auch gut alleine zurechtkommen, und man glaubt ihnen, dass sie in der Lage sind, unglückliche Beziehungen zu beenden.

Erfahrungen mit Trennungen gibt es unterschiedliche, leider auch sehr schmerzhafte.

Vor einem Jahr verlor Frau A. einen engen Angehörigen und durchlebte eine sehr schwere Zeit. Sie selbst betont: „Ohne die Unterstützung meines Partners hätte ich das nie geschafft." Herr N. versuchte ihr in dieser Zeit nicht nur den Alltag zu erleichtern, sondern nahm sich auch immer wieder Zeit für ausgiebige Gespräche, er nahm all ihre Ängste ernst und stand ihr immer wieder bei.

Frau A. sagt: "Er war auf einmal so stark, das kannte ich von ihm gar nicht – ich spürte ein Netz hinter meinem Rücken. Ich brauchte keine Worte, sondern nur Geborgenheit."
Auch für Herrn N. war das keine leichte Zeit: "Ich war oft sehr ausgelaugt, aber ich wusste, sie braucht mich jetzt. Oft saß ich einfach nur bei ihr, ohne etwas zu sagen. Ich konnte ihr den Schmerz nicht nehmen, so war ich einfach nur da."
Beide erzählen einstimmig, dass dieser Schicksalsschlag sie noch näher zusammengebracht und ihre Beziehung gefestigt habe und dass man erst in solchen Situationen den Partner wirklich kennen lernt.

Viele Menschen mussten in schweren Lebenssituationen oder in Notlagen die Erfahrung machen, sich nicht auf ihre Partner verlassen zu können. Nicht so in dem oben beschriebenen Fallbeispiel. Hier sieht man, dass Unterstützung sowohl in praktischer als auch in emotionaler Hinsicht bestand. Fast keinem bleibt es erspart, in seinem Leben einmal einen schweren Verlust oder Schicksalsschlag überwinden oder schwierige Umstände meistern zu müssen. Solche ungeplanten Lebensveränderungen sind immer auch schwierige Prüfungen für Beziehungen. Meistens ändert sich dadurch das Leben eines Partners radikal, wodurch auch die Beziehung aus den Fugen geraten kann.

Gerade weil es jederzeit jeden treffen kann, ist es sinnvoll, sich präventiv ein paar Gedanken dazu zu machen:

> *Weiß ich überhaupt, wie ich bzw. mein Partner sich in einer Notsituation verhalten würde?*
> *Wie denke ich über Krankheit, Leid und Tod?*
> *Weiß ich, wie mein Partner darüber denkt?*
> *Sprechen wir manchmal über unser Verhalten in schwierigen Situationen?*

Werde ich immer versuchen, für meinen Partner einen Platz in meinem Leben zu finden? Unterstützt mich mein Partner, wenn es mir schlecht geht? Tue ich das auch für ihn?

Für Frau A. und Herrn N. waren Unterstützung und Obsorge als wichtige soziale Werte in ihrer Beziehung immer vorhanden und diese Werte hielten einer harten Realitätsprüfung glaubhaft stand. Denn, wie Herr N. meinte: „Nichts ist schlimmer, als jemanden zu haben und trotzdem alleine zu sein."

Fallbeispiel 4
„Ich habe schon ein mulmiges Gefühl ..."

Frau S. und Herr G. (28 und 26 Jahre alt) sind seit über zwei Jahren ein Paar. Sie sind relativ schnell zusammengezogen. Herr G. hat einen interessanten und ungewöhnlichen Beruf, weshalb Wohnort und Lebensumstände von Anfang an nach seinen Berufschancen ausgerichtet wurden. Frau S. liebt den Beruf ihres Partners und unterstützt ihn in dieser Hinsicht sehr. Abgesehen von den beruflichen Möglichkeiten sind die Zukunftspläne noch sehr unkonkret, es wird jedoch gern ein bisschen geträumt.

Nach circa einem halben Jahr – zeitgleich mit dem Bezug der gemeinsamen Wohnung – konnte das Paar einen Übergang zwischen Verliebtheit und Liebe erkennen. Werte und Prioritäten kristallisierten sich heraus, der Alltag spielte sich ein.

Die Möglichkeit einer Trennung wurde noch nicht in Betracht gezogen, es wurde auch nicht darüber gesprochen oder als Szenario durchdacht.

Die Sexualität spielt eine eher untergeordnete Rolle in der Beziehung, die Frequenz hat sich seit Beginn der Partnerschaft deutlich verringert.

Das Paar streitet nicht oft, da Herr G. dazu neigt, bei Aufkom-

men eines Konfliktes so lange wie möglich zu schweigen. Für einige Probleme wurden dennoch Lösungen gefunden und das Paar beteuert: „Wir harmonieren eigentlich sehr gut miteinander."
Frau S. und Herr G. stehen momentan kurz vor einer Umbruchsphase: Frau S. hat sich entschieden, sich wieder vermehrt ihrer beruflichen Ausbildung zu widmen, und wird deshalb während der Woche in eine andere Stadt ziehen. So wird aus dem vertrauten gemeinsamen Alltag für zumindest ein Jahr eine Fernbeziehung werden.
Herr G. findet nichts dabei und sagt: „Ich habe keine Angst davor. Ein bisschen Abstand kann auch gut für die Beziehung sein."
Frau S. sieht das Ganze ein wenig anders und gibt zu: „Ich habe schon ein mulmiges Gefühl – wäre es nicht für meine Ausbildung, würde ich nichts an der derzeitigen Situation ändern." Frau S. befürchtet, dass die Beziehung an der räumlichen Distanz zerbrechen könnte, sie hat wenig Vertrauen in die Treue ihres Partners. Herr G. schweigt zu diesem Thema.
Trotz offensichtlicher Ängste spricht das Paar nicht besonders viel über die kommenden Veränderungen, es hat beschlossen, diesen Schritt einfach einmal zu wagen und abzuwarten, wie sich die Situation entwickeln wird.

Gerade bei jungen Paaren kommt es oft vor, dass in wenigen Jahren mehrere Entwicklungsschritte stattfinden, die auch immer wieder Prüfungen für die jeweiligen Beziehungen darstellen. Man wechselt von der Schule zum Studium oder beginnt eine weitere Ausbildung, löst sich vom elterlichen Haus, wechselt seinen Wohnort oder steigt ins Berufsleben ein.

Frau S. und Herr G. stehen gerade vor einer solchen Lebensveränderung. Ihre Kommunikation wirkt jedoch nicht offen, sondern verhalten, weder die weiteren Lebensentwürfe noch vorhandene oder erwartbare Konflikte werden dem anderen dargelegt. Fast schicksalsgläubig hat das Paar beschlossen, einfach abzuwarten und die Situation auf sich zukommen zu lassen. Aus präventiver Sicht ist diese Haltung fatal, sollte man sich doch gerade in Umbruchsphasen intensiver als sonst austauschen und konfliktträchtige Themen ansprechen, damit eine Veränderung für die Beziehung Weiterentwicklung und nicht ihr Ende bedeutet.

Abgesehen von der generellen Intensivierung der Kommunikation sollte sich das Paar in diesem Fallbeispiel auch die Frage stellen, was geschehen wird, wenn Herr G. seinen durchaus interessanten Job einmal nicht mehr ausüben kann. Beide lieben seinen Beruf und richten ihr Leben großteils danach aus. Frau S. sollte sich Gedanken auch dazu machen, was sie an ihrem Partner – abgesehen von seinem Beruf – interessiert und schätzt und ob sie ihn auch in anderen Belangen unterstützen würde.

> *Wie wird sich die räumliche Trennung auf die Beziehung auswirken?*
> *Ist über die Ängste zum Thema Treue ausreichend gesprochen worden?*
> *Was wird sich ändern, wenn Frau S. ihr Studium abgeschlossen hat?*
> *Welche beruflichen Perspektiven werden angestrebt?*
> *Wird an Familiengründung gedacht und wenn ja: Ist diese mit den beruflichen Absichten beider vereinbar?*

Kurz zusammengefasst hat die Auswertung der Interviews ergeben, dass präventive Überlegungen hinsichtlich Partnerwahl und Beziehungsgestaltung bei jungen Paaren eine untergeordnete Rolle spielen. Dieser Befund ist nicht schichtspezifisch, das heißt, die soziale Zugehörigkeit, der Bildungsstand sowie der wirtschaftliche Status spielen generell bei den untersuchten Paaren keine Rolle. Der Paarwerdungsprozess erfolgt überwiegend zufällig und schicksalhaft und ist nur selten das Resultat von nachvollziehbaren Entscheidungsprozessen. Viele Paare geben an, dass die Verliebtheit der entscheidende Grund für die Paarwerdung gewesen sei, sie begaben sich viel zu rasch in Lebensgemeinschaften und wurden in relativ kurzer Zeit zu einem „alten" Paar mit konservativen Rollenzuschreibungen und Haltungen. Nur wenige Paare probieren individuelle, flexible oder spannende Lebensformen aus, man reagiert eher auf die Umstände. Die meisten Paare haben nicht gelernt, mit Konflikten und Krisen umzugehen, eine mögliche spätere Trennung wird verdrängt und bagatellisiert.

Dieser Befund deckt sich mit den Erfahrungen, die wir in Paartherapie und Beratung mit „älteren" Paaren gemacht haben. Störungsfelder, die oft erst nach einigen Jahren des Zusammenlebens auffällig werden (vorerst findet in der Regel wirtschaftlicher Aufbau und Familiengründung statt), basieren sehr häufig auf nicht reflektierten Paarwerdungsprozessen und auf mangelhafter Auseinandersetzung mit den Möglichkeiten einer aktiven Lebensplanung.

Wir haben diesem Umstand Rechnung getragen und den meisten thematischen Ausführungen passende Fragen zur Selbstreflexion hinzugefügt. Ferner haben wir alle Hinweise so gestaltet, dass es Paaren möglich ist, entscheidende oder wesentliche Beziehungsthemen fortlaufend zu diskutieren.

Offenheit und Dialogfähigkeit vorausgesetzt, bringen das gemeinsame Nachdenken und die Beantwortung dieser Fragen interessante neue Gesichtspunkte ins Paargeschehen und führen gegebenenfalls zu Impulsen für wünschenswerte Veränderungen. Unsere Erfahrung hat gezeigt, dass die Reflexion dieser Fragen durchaus psychohygienischen Charakter, also eine bereinigende Funktion für die Beziehung hat, in vielen Fällen ein professionelles Beziehungscoaching überflüssig macht oder den längeren Prozess einer Paartherapie enorm verkürzt.

In unserem Sinne verbleibt auf diese Weise die Verantwortung für die gewissenhafte Beziehungspflege und die Lösung von Problemen großteils bei den Paaren selbst.

Modelle der Lebensplanung

Lebensentwürfe müssen unterschiedliche Bereiche in eine Beziehung miteinander bringen, wobei die zwei wichtigsten Komponenten der „Beruf" und das Verhältnis zwischen Beruf und Familie sind.

Die Auseinandersetzung mit den folgenden vier Modellen soll bewusst machen, welche Konsequenzen die Entscheidung für eines dieser Modelle für das zukünftige Paargeschehen jeweils hat.

Modell 1: Familie geht vor Beruf

Frau M. wünschte sich immer eine kinderreiche Familie und fand einen Partner, der dieser traditionellen Beziehungsform ebenfalls zugeneigt ist. Herr M. ist stolz darauf, seine Familie allein erhalten und seinen Kindern ein stabiles Heim mit einer konstant anwesenden Bezugsperson bieten zu können.

Beruflich ist er stark gefordert, doch ist er bemüht, zu den Essenszeiten anwesend zu sein und an den Wochenenden Zeit für seine Kinder zu haben. Die Urlaube verbringt Frau M. größtenteils allein mit den Kindern.

Bei diesem Modell steht die bestmögliche Entwicklung der Kinder im Vordergrund, es entspricht dem traditionellen Rollenverständnis von Mann und Frau: Die Frau will sich als Hausfrau und Mutter verwirklichen, der Mann sorgt als Alleinverdiener für die Familie.

Ein Nachteil besteht darin, dass der Mann in Konfliktsituationen seine wirtschaftliche Überlegenheit als Trumpf ausspielen kann. Weiters wird eine gewisse materielle Bescheidenheit gefordert sein, sofern der Familienerhalter kein Besserverdiener ist.

Fragen aus der Sicht des Mannes:
- *Will ich eine Frau, die ausschließlich für die Kindererziehung zuständig ist? Welche Auswirkungen hat dies längerfristig auf unsere Kommunikation?*

Fragen aus der Sicht der Frau:
- *Ist mir bewusst, dass mein Mann sich vermehrt um Berufliches kümmern muss und möglicherweise wenig Zeit mit der Familie verbringen kann?*
- *Mit welchen Vor- und Nachteilen ist der Beruf meines Partners behaftet?*
- *Welche Auswirkung hat dieser Beruf auf die gemeinsame Kommunikation?*
- *Welcher Freundeskreis ist aufgrund der beruflichen Position gegeben?*
- *Gefällt mir das Image dieses Berufes?*
- *Welche Belastungen bringt der Beruf meines Partners mit sich?*

Fragen für beide:
- *Ist uns bewusst, dass wenig Zeit für Zweisamkeit bleiben wird?*
- *Wie wichtig ist uns materieller Wohlstand?*
- *Was wird unsere gemeinsame Welt sein, wenn die Kinder erwachsen sind und das Haus verlassen haben?*

Modell 2: Karriere geht vor Familie

Frau A. jobbte schon während ihres Studiums in einem Unternehmen, in dem sie schließlich eine fixe Anstellung mit guten Karriereaussichten bekam.

Ihren Lebensgefährten lernte sie ebenfalls in diesem Unternehmen kennen: Er ist ein erfolgreicher „Senkrechtstarter". Beide identifizieren sich voll und ganz mit ihrem Beruf, und beide wollen keine Kinder.

Ihr Ziel ist es, einige Jahre hart zu arbeiten und ihr Erspartes so gut anzulegen, dass sie in der Mitte des Lebens aussteigen und ihr Leben genießen können.

Bei der Lebensplanung dieses Paares stehen finanzielle Unabhängigkeit und eine frühe, luxuriöse Pension im Vordergrund. Allgemein gesagt, steht das berufliche Fortkommen für beide an erster Stelle, sei es aufgrund materiellen und sozialen Unabhängigkeitsbestrebens, sei es aufgrund von Berufung.
„Familie" ist definitiv ausgeschlossen, da Kinder bei Karriere und wirtschaftlichem Erfolg hinderlich wären.

Die Gefahr bei diesem Modell liegt
- in einer Überidentifizierung mit beruflichem Erfolg,
- im Alter, wenn man sich nicht mehr über die Arbeit definieren kann, und
- möglicherweise in der Einsamkeit, wenn kein familiärer oder sozialer Verband besteht.

Fragen für beide:
- *Wie werde ich damit umgehen, wenn die Karriere unterbrochen wird?*
- *Welche Kompensationsmöglichkeiten habe ich, wenn der Erfolg ausbleibt?*
- *Glaube ich, dass mein Partner/meine Partnerin Verständnis dafür hätte?*

Modell 3: Gleichwertigkeit von Familie und Beruf

Herr und Frau H., ein Akademikerpaar, entscheiden sich für die Gründung einer Familie im Bewusstsein, dass beide ihre berufliche Tätigkeit nicht aufgeben wollen. Das Einkommen von Herrn H. liegt deutlich über dem seiner Frau, sodass Frau H.

bereit ist, den Großteil der Karenzzeit zu übernehmen. Als sie wieder zu arbeiten beginnt, betreut Herr H. einige Zeit die Kinder. Danach versuchen beide, sich ihre Arbeitszeiten so einzuteilen, dass die Kinder möglichst wenig Zeit in fremder Obhut verbringen müssen.

Dieses Modell, bei dem sich Paare einig sind, dass beide ihre Berufstätigkeit eine Zeit lang für die Geburt und Erziehung eines oder mehrerer Kinder unterbrechen wollen, ist stark im Zunehmen.

Es verlangt eine gute Organisation des Alltags, geeignete Berufe oder Arbeitsplätze mit flexibler Zeiteinteilung und von beiden Seiten kein großes Interesse an oder Verzicht auf Karriere. Beide fühlen sich sowohl für die Kindererziehung und den Haushalt als auch für das gemeinsame Familieneinkommen zuständig.

Im Vordergrund steht nicht nur die Gleichwertigkeit von Familie und Beruf, sondern auch die Gleichwertigkeit von Mann und Frau.

Da in diesem Modell jeder für alles zuständig ist, bedarf es einer hohen Konfliktfähigkeit, Kompromissbereitschaft und Stressstabilität auf beiden Seiten.

Fragen für das Paar:
- *Haben wir für die Betreuung der Kinder Unterstützung durch andere Personen?*
- *Bin ich mir als Frau sicher, dass ein beruflicher Wiedereinstieg möglich ist?*
- *Ist es eindeutig, dass mein Mann bei der Familienarbeit behilflich sein wird?*

Modell 4: Entscheidung zu offener Lebensplanung

Frau G., eine Österreicherin, und Herr C., ein Deutscher, lernten einander im Urlaub kennen und lieben. Frau G. bemühte sich daraufhin um einen Arbeitsplatz in Deutschland und bekam eine Stelle in München.

Herr C. studierte damals in Norddeutschland, wechselte aber nach einem Semester an die Universität München. Mehrere Jahre lang bestritt Frau G. den Lebensunterhalt für beide, besuchte nebenbei die Abendschule und holte das Abitur nach.

Nach der Promotion von Herrn C. wurde geheiratet. Herr C. begann zu arbeiten, seine Frau begann zu studieren.

Nach einem Jahr erhielt Herr C. ein interessantes berufliches Angebot aus den USA und übersiedelte nach Boston. Frau C. regelte ihre Kündigung, den Umzug und den Abschied von München und folgte ihm nach einigen Monaten. In Amerika nahm sie ihr Studium wieder auf und wird derzeit finanziell von ihrem Mann unterstützt.

Beide wissen nicht, ob sie in Amerika bleiben werden, ebenso schließen beide nicht aus, zu einem späteren Zeitpunkt ein Kind zu adoptieren.

Bei dieser Beziehungsform sind die klassischen Schwerpunkte Familie und Beruf aufgelöst; die Partner gestalten ihr Verhältnis individuell, suchen nach guten, für ihr Leben stimmigen Lösungen. Dazu braucht es den höchstmöglichen Grad an Flexibilität und Organisationstalent, weil über die Zeit betrachtet keine der bekannten Rollenverteilungen vorherrscht.

Beide Partner haben selbstverständlich ein gleiches Recht auf Entwicklungs- und Entfaltungsmöglichkeiten.

Alles ist prinzipiell möglich: Zeiten, in denen beide arbeiten, Zeiten, in denen keiner von beiden arbeitet, und Zeiten, in denen einer den anderen versorgt.

Dieses Modell verlangt ein hohes Ausmaß an Freundschaft und Verlässlichkeit, aber auch Konfliktfähigkeit, denn bei keinem anderen Modell gibt es so viele Entscheidungsebenen wie bei diesem.

Weiters verlangt diese Lebensform:
- Vertrauen
- Abschied nehmen können
- emotionale Unabhängigkeit
- Halt (Heimat) in sich selbst
- Autonomie
- hohe Eigenverantwortung
- Improvisationsvermögen

Abschließend wollen wir darauf hinweisen, dass Lebensentwürfe immer nur Tendenzen aufzeigen sollten und keinesfalls in starren Modellen oder Fixierungen enden dürfen, dies käme einer „Tyrannei" von Werten gleich.

Die persönliche Freiheit, Lebensentwürfe auch zu revidieren, sollte ebenso bestehen bleiben wie eine grundsätzliche Offenheit in Beziehungen. Es gilt – wie immer im Leben –, das rechte Maß zu finden zwischen Tun und Lassen, zwischen der Vernunft und der Faszination der Liebe.

Beziehungsgestaltung

Liebe im Alltag oder die Mühen der Ebene

Nach dem ersten Höhenflug des rauschartigen Verliebtseins folgt eine Zeit der Ernüchterung und nicht jedes Paar schafft es, über diese Hürde in den Alltag zu gelangen. Sich zu verlieben hat eine schicksalhafte Komponente: Es passiert scheinbar ohne unser Zutun, dass wir plötzlich weiche Knie bekommen, dass uns „die Sicherungen durchbrennen", dass wir auf den ersten Blick das Gefühl haben, füreinander bestimmt zu sein. Verliebt zu sein bewirkt in erster Linie etwas bei dem Menschen, der sich verliebt hat: Er fühlt sich besser, gesünder, attraktiver, schöner. Verliebt zu sein hat also primär etwas mit uns selbst zu tun.

Die Liebe hingegen ist nicht nur ein Gefühl, sondern auch eine Haltung, mit der wir einem anderen Menschen begegnen. Erst durch die Liebe wird uns der andere zum Anliegen, derjenige, den wir realistisch mit all seinen Vor- und Nachteilen sehen können und den wir gerade deswegen oder trotzdem schätzen.

Das unspezifische „Wir sind füreinander bestimmt!" weicht einem spezifischen „Genau so, wie du bist, will ich dich!". Es ist die bewusste und verantwortungsvolle Wahl gerade dieses einen Partners, der uns unverwechselbar, einzigartig und einmalig erscheint.

Der Liebende hat gute Gründe dafür, warum er gerade diesen Menschen meint, und wenn ein Paar gute Gründe dafür hat, sein Leben miteinander gestalten zu wollen, steht die Beziehung auf gutem Grund.

Ohne realen Grund zusammen zu sein, wäre wie ein Haus ohne Fundament oder ein Baum ohne Wurzeln. Gerade diese gemeinsamen Wurzeln sind aber notwendig, um zum anderen und auch zur eigenen Entscheidung für den anderen als Lebenspartner immer wieder von Neuem stehen zu können.

Der Liebende weiß, warum es sich lohnt, sich gerade um diesen Menschen und um diese Beziehung zu sorgen. Und dieses Wissen um die Kostbarkeit der Beziehung bildet eine solide Basis, die auch in schwierigen Zeiten tragfähig bleibt.

Aus dem Verliebtsein, einem nicht vorhersagbaren „Naturereignis", ist ein Kulturprozess geworden, der eine bewusste Arbeit der Beteiligten verlangt.

Eines der schwierigsten Kunststücke in gelungenen Beziehungen ist der filigrane Balanceakt zwischen Nähe und Distanz. Liebe verlangt einerseits nach totaler Nähe, totaler Vertrautheit, totaler Kommunikation und geht andererseits gerade daran zugrunde: In der Identifizierung und der Verschmelzung mit dem anderen, der dauernden Intimität nämlich, verflacht das Interesse. Die ständige Nähe bewirkt, dass der andere allzu bekannt erscheint und uninteressant wird. Was zu Beginn einer Beziehung noch höchstes Entzücken auszulösen vermochte – eine bestimmte Körperbewegung, ein Lächeln, ein Blick –, wird jetzt kaum noch bemerkt. Das Verlangen, mit dem Partner alles zu teilen, lässt nach, das ständige Beisammensein wird zur Verpflichtung. Sobald die Beziehung selbstverständlich geworden ist und keine neuen Wege mehr weist, endet die gegenseitige Erkundung, entstehen Langeweile und Gleichgültigkeit.

Viele Menschen scheuen enge Bindungen, wohl auch aus der Ahnung heraus, dass Liebe und Bindung etwas Unvereinbares in sich tragen.

Da heute weniger eine ökonomische Überlegung, sondern eher die Liebe für die Entscheidung zur Partnerschaft maßgeblich ist, entsteht eine Vielzahl verschiedener Beziehungsformen, die es dem Paar ermöglicht, seine individuelle Regulierung zwischen Nähe und Distanz zu finden.

Manche Paare verzichten beispielsweise auf einen gemeinsamen Wohnsitz, um dem Alltagstrott oder klassischer Rollenaufteilung ein Schnippchen zu schlagen. Die Eigenständigkeit beider Partner und die immer wieder zu überwindende Distanz, um dem anderen nahe sein zu können, sind Mittel, um die Spannung in der Beziehung aufrechtzuerhalten.

Liebe ist heute in vielfältigen Formen möglich, nicht nur in traditioneller, institutionalisierter Bindung. Das gibt Paaren zum einen eine enorme Freiheit, die je eigene Beziehungsform zu finden, und führt andererseits zu enormer Unsicherheit, ob das, was sie leben wollen, nun „normal", „altmodisch" oder „egoistisch" ist.

> *„Im Gegensatz zum Tier sagt dem Menschen kein Instinkt, was er tun muss, und im Gegensatz zum Menschen in früheren Zeiten sagt ihm keine Tradition mehr, was er soll – und nun scheint er nicht recht zu wissen, was er eigentlich will."*
>
> VIKTOR FRANKL

Auch ist die Angst, den anderen zu verlieren, häufig ein Motor, den Partner/die Partnerin durch Zusammenleben, Ehe, Kinder – also durch eine gemeinsame äußere Welt – stärker an sich zu binden, und oft verliert man die Liebesbeziehung gerade durch den sozialen Rollenwechsel: Aus der Geliebten wird die Ehefrau, Hausfrau und Mutter, deren Interesse naturgemäß nicht mehr ausschließlich der Geliebte ist, sondern dieser muss sich die Aufmerksamkeit nun mit den aufwachsenden Kindern teilen. Zudem ist der Ehemann im Normalfall berufstätig und der damit einhergehende, meist geregelte Tagesablauf reduziert die spontane Kommunikation erheblich. Sie wird erst abends möglich, wenn die Kinder versorgt und im Bett sind und der Haushalt erledigt ist. Wenn dann ein vertrautes Gespräch zustande kommen könnte, sind beide Partner häufig ausgelaugt und nur noch begrenzt dazu bereit.

Der Wille zur Beziehung
Beziehungsarbeit bedeutet einen ständigen Kampf gegen folgende große Störfelder:

1. Die Selbstverständlichkeit des Beziehungsalltags: Man wird unachtsamer, unaufmerksamer, hört nicht mehr so genau hin, weil man den anderen ohnehin schon genau kennt, lässt sich gehen, Berührungen werden zur Routine, „Mutti und Vati" zu eingefahrenen Hauptrollen.

2. Die dauernde Veränderung des Einzelnen und des Paares von außen:
durch Beruf, Hausstands- und Familiengründung, Zusammenleben mit Schwiegereltern, Verzicht auf berufliche Tätigkeit wegen der Kinder, finanzielle und zeitliche Einschränkungen, Veränderungen des Sexuallebens, Alterungsprozesse, Krankheiten etc.
Diese Konfliktfelder müssen dauernd miteinander besprochen werden, denn jede persönliche Entscheidung bringt Veränderungen der Beziehung mit sich. Hier sollte man sich folgende Fragen stellen:

Will man die Liebesbeziehung zugunsten einer Familiengründung hintanstellen?
Ist man als Frau bereit – zumindest eine Zeit lang – auf eine selbstständige Tätigkeit zu verzichten, oder fühlt man sich abhängig und unfrei in der Mutterrolle?

Wie wichtig sind Karriere, Eigenheim, Urlaub, Wohlstand, Freizeit?
Welchen Preis ist man zu zahlen bereit?

Die gemeinsamen Werte, also die Säulen der Paaridentität, die sich zu Beginn einer Partnerschaft manifestiert haben, müssen von Paaren sorgfältig gepflegt und von Zeit zu Zeit auf ihre aktuelle Gültigkeit hin überprüft werden. Sind größere Veränderungen geplant, die Auswirkungen auf mehrere Lebensbereiche zeitigen werden, so sind einerseits Bilanzen hilfreich (*Was funktioniert besonders gut bei uns? Was wollen wir auf alle Fälle beibehalten?*), andererseits eine detaillierte Informationsgewinnung und Entwicklung von Szenarien, um die Konsequenzen der Veränderung möglichst realistisch einschätzen zu können.

Ein Fallbeispiel soll dies illustrieren:
Herr und Frau G. führten jahrelang eine ausgezeichnete, ebenbürtige Beziehung mit vielen geteilten Interessen und einer gemeinsamen Lebensanschauung (ausgedehnte Fernreisen, Studien, Freunde, Leben in einer Wohngemeinschaft, politisches Engagement). Nachdem sich beide beruflich höher qualifiziert hatten, entschieden sie sich, eine Familie zu gründen und aufs Land zu ziehen. Herr G. sorgte für das Familieneinkommen und kaufte ein Haus, Frau G. widmete sich den beiden Kindern und gab ihre Arbeitsstelle im Hinblick auf die bevorstehende Übersiedlung auf. Während sich Herr G. in der neuen Umgebung sehr wohl fühlt und stolzer Hausbesitzer geworden ist, kann Frau G. dort keine Wurzeln schlagen, leidet unter Heimatlosigkeit und dem Verlust der früheren Beziehungsqualität: Die vielen Verluste lassen sie depressiv werden. Nach außen hin ist das für viele unverständlich, hat sie doch diese Entscheidung mitgetragen und verfügt über alles, was man sich nur wünschen kann: materiellen

Wohlstand, hohen sozialen Status, Haus und Garten, wohlgeratene, gesunde Kinder, einen fürsorglichen Partner.

Frau G. nennt den totalen Strukturverlust als Grund für ihre Depression, daher wollen wir nochmals in Kürze alle strukturellen Veränderungen aufzeigen:
- Aus dem Liebespaar wurde ein Elternpaar mit klassisch verteilten Rollen.
- Die berufstätige, ökonomisch unabhängige Frau mit gutem sozialem Netz wurde zur isolierten Hausfrau.
- Das Stadtleben (damit verbunden soziale Kontakte, Freunde, Kultur) wurde gegen das Landleben eingetauscht.
- Der Lebensstil hat sich völlig verändert: Die Wohngemeinschaft wurde durch ein Reihenhaus ersetzt, damit die alternative durch eine gutbürgerliche Lebensform.
- An die Stelle der großen Reisen ist Sesshaftigkeit getreten.

Herr G. kommt mit diesen Veränderungen, welche die Beziehung völlig neu definieren, gut zurecht, während Frau G. noch zusätzlich unter dem Verlust ihrer Freunde und ihrer Lebensfreude leidet.

Die Standpunkte sind festgefahren: Frau G. würde gerne in die Stadt zurückkehren, ihr Partner will bleiben und die Familie soll nicht auseinandergerissen werden.

Eine Zwischenlösung (etwa eine Wochenendbeziehung) kommt daher für beide nicht in Frage, an einer guten Lösung für alle Beteiligten wird derzeit gearbeitet.

Achtsame Kommunikation

Persönliche Werte und Prioritäten verändern sich im Laufe der Zeit ebenso wie Wünsche, Ansprüche und Erwartungen an eine Beziehung. Beziehungsarbeit ist in erster Linie Kommunikation, wobei hiermit ein sehr weit gefächerter Begriff gemeint ist: mit dem anderen auf allen Ebenen der Kommunikation in Beziehung zu sein und sich über die gemeinsam entworfene Welt laufend auszutauschen.

In der differenzierten körperlichen, emotionalen und geistigen Kommunikation treten Gemeinsamkeiten, Lücken, Gegensätze und möglicherweise Niveauunterschiede der Partner zutage.

Eine Kommunikationslücke, die infolge mangelnder Ähnlichkeit im emotionalen Bereich entsteht, kann jedoch durch geistige Gemeinsamkeiten (z.b. berufliche oder kulturelle Interessen) ausgeglichen werden, ebenso wie ein Missverstehen im geistigen Bereich durch körperliches Harmonieren.

Wie die Kommunikation im emotionalen Bereich beschaffen ist, wird beispielsweise in der Gemeinsamkeit eines bestimmten Erlebens sichtbar. Sie zeigt sich darin, ob über ein solches Erleben auch später noch gesprochen wird, ob Unterschiede in der Beurteilung, der Aufnahme, der Verarbeitung hervortreten. Das kann so weit gehen, dass ein Theaterstück oder ein Urlaub für den einen zum Erlebnis geworden ist, für den anderen dagegen ein ganz alltägliches Vorkommnis bleibt. Es reicht also nicht aus, nur „funktional" etwas miteinander zu unternehmen, ausschlaggebend ist die persönliche Stellungnahme der Partner zu sich selbst, zum anderen, zur gemeinsamen Beziehung und zum Erlebten.

Um der Liebe im Alltag eine Chance zu geben, braucht es eine offene und vertrauensvolle Atmosphäre sowie achtsame und selbstwertfördernde Umgangsformen.

Achtsame Kommunikation heißt, den anderen als Person wahrzunehmen, das Selbstverständliche zu bemerken und mitzuteilen sowie den anderen in seinen Möglichkeiten und Fähigkeiten zu erkennen und zu fördern.

Die Wertschätzung dem anderen gegenüber muss sowohl nonverbal (sich Zeit nehmen, interessiert zuhören) als auch verbal durch Bestätigung, Rückfragen, Lob, Kritik und Provokation (Herausforderung) zur Stellungnahme stattfinden. Und Wertschätzung bedeutet auch, sich selbst dem anderen zuzumuten, Unangenehmes anzusprechen, ihm Bedürfnisse anzuvertrauen. Die laufende Bereinigung von Konflikten hilft Paaren, gegenwärtig zu leben und keine ungelösten Probleme anzusammeln. Beziehungen, in denen sich die Partner nicht mit Persönlichem beschäftigen, drohen bei Belastungen wesentlich leichter zu zerbrechen. Viele Menschen halten es nicht für notwendig oder haben es nie gelernt, ihre Beziehungen – auch zu Eltern, Kindern oder Freunden – sorgsam zu pflegen, solange „ohnehin alles in Ordnung ist". Beziehungsarbeit ist aber fatalerweise nur dann leicht möglich, wenn Zuneigung und Wohlwollen das Gesprächsklima bestimmen.

„Ich kann nicht ich selbst werden, wenn nicht der andere er selbst sein will; ich kann nicht frei sein, wenn nicht der andere frei ist, meiner nicht gewiss sein, wenn ich nicht auch des anderen gewiss bin. In der Kommunikation fühle ich mich nicht nur für mich, sondern auch für den anderen verantwortlich, als ob er ich, ich er wäre (...) denn auch den Sinn der Kommunikation erreiche ich nicht durch mein eigenes Tun allein; es muss das Tun des anderen entgegenkommen. Ich muss in die quälende Beziehung ewigen Ungenügens kommen in dem Augenblick, wo der andere, statt der mir Entgegenkommende zu sein, sich selbst mir zum Objekt macht. Wird der andere in seinem Tun nicht eigenständig er selbst, so auch ich nicht. Unterordnung des anderen in Gehorsam unter mich lässt mich nicht zu mir kommen, sein Herrschen über mich ebenso wenig. Erst im gegenseitigen Anerkennen erwachsen wir beide als wir selbst. Nur zusammen können wir erreichen, was jeder erreichen will."
CARL JASPERS

Lebensveränderungen

Unter Lebensveränderungen verstehen wir Ereignisse oder Prozesse, die für das Paar einschneidende Veränderungen des bisherigen Lebensablaufes bedeuten. Diese können sowohl seitens des Paares geplant sein, aber auch völlig ungeplant oder überraschend ins Leben einbrechen. Ohne Anspruch auf Vollständigkeit zu erheben, haben wir im Folgenden beispielhaft einige Themen aufgelistet, mit denen Paare im Laufe ihres Beziehungslebens konfrontiert werden können:

a) **Geplante oder vorhersehbare (aber nicht geplante) Lebensveränderungen**
- Familienplanung
- Hausbau
- berufliche Karriere (Auslandsaufenthalt, Ortswechsel)
- Selbstständigkeit
- Auszug der Kinder aus dem Elternhaus
- Sorge für pflegebedürftige Eltern
- Pensionierung
- Älterwerden und Altsein

b) **Unvorhergesehene Lebens(plan)veränderungen**
- Schwangerschaft
- Verlust des Arbeitsplatzes
- beruflich bedingter plötzlicher Ortswechsel
- wirtschaftliche Krise
- Unfall oder schwere Erkrankung eines Partners
- Krankheit oder Tod naher Angehöriger

Ad a) Geplante Lebensveränderungen
Ein besonders wichtiger Aufgabenbereich der präventiven Beratung liegt in der Hilfestellung bei geplanten größeren

Veränderungen, die sowohl räumlicher, beruflicher oder familiärer Natur sein können. Selbst Paare, die eine gute Beziehung führen und viel miteinander besprechen, setzen sich oft zu wenig mit allen Auswirkungen ihrer Entscheidung auseinander oder geraten in eine vorübergehende Krise, wenn einer von beiden die Entscheidung nicht mitträgt oder die Entscheidung vorschnell getroffen wurde.

Herr und Frau B. (35 und 39 Jahre alt), seit zwölf Jahren glücklich verheiratet, leben gerne in der Stadt, doch als die beiden Kinder geboren werden, beschließen sie, eine alternative Wohngemeinschaft zu suchen, welche ihnen und ihren Kindern ein von der Lebensqualität her hochwertiges und sozial eingebundenes Leben auf dem Land ermöglichen soll.

Sie finden ein geeignetes Projekt, von dem sie begeistert sind, und stecken in den folgenden Monaten ihre ganze Energie in die Planung des Hauses und ins Kennenlernen der anderen am Projekt beteiligten Familien. Schon bald gibt es kleine Streitereien und unerwünschte Einmischungen in ihre Angelegenheiten, die vor allem Frau B. mit den anderen aushandelt.

Einige Paare sind nach kurzer Zeit ernsthaft miteinander zerstritten, die Kommunikation ist nur mehr über Dritte möglich. Frau B. beginnt immer mehr an dem Projekt zu zweifeln und sieht auch andere Mängel, die ihr in der Begeisterung für die Sache früher nicht aufgefallen sind. Schließlich muss sie für sich feststellen, dass es ihr unmöglich ist, in diese Wohngemeinschaft zu ziehen, und teilt dies ihrem Mann mit. Herr B., der noch immer voller Freude mit der Hausplanung beschäftigt ist, eine Menge Geld investiert und sich bereits auf das Leben im Grünen eingestellt hat, kann die Beweggründe seiner Frau nicht nachvollziehen und will auch nicht mehr umkehren. Frau B. steht plötzlich allein da, weil sowohl ihr Mann als auch ihre Kinder unbedingt in das neue Haus ziehen wollen. Sie weiß zwar, dass ihr Mann sie nicht zwingen würde, dorthin zu ziehen, doch es bedrückt sie, dass sie allein die volle Verantwortung dafür tragen müsste, möglicherweise drei andere Menschen unglücklich zu machen.

Nachdem das Paar keine gute Lösung für alle finden konnte, nahm es einige Stunden Beziehungscoaching in Anspruch, an dessen Ende die gemeinsame Entscheidung stand, das Haus wieder zu verkaufen. Auch Herr B. bemerkte, dass er mit den anderen Paaren im Grunde nichts zu tun haben wollte, dass völlig unterschiedliche Vorstellungen über diese Wohngemeinschaft vorlagen, dass vieles nicht seinem Lebensstil entsprach und er auf wichtige Dinge verzichten müsste, wollte er dort leben.

Herr und Frau B. meinten, das Bild „Kinder müssen auf dem Land aufwachsen" sei so stark gewesen, dass sie ganz vergessen hätten, sich zu befragen, ob es auch ihnen dadurch besser gehen würde. Nachdem diese Einigung von beiden als gut und richtig angenommen werden konnte, hatten auch die Kinder keinerlei Probleme mehr mit der Entscheidung. Herr B. konnte das Haus leicht verkaufen und ohne Groll von seinem „Traum" Abschied nehmen.

Vorhersehbare, aber nicht geplante Lebensveränderungen

Zur Illustration dieses Punktes möchten wir Ihnen ein Paar vorstellen, welches zu uns in die Beratung kam:

Herr N., ehemaliger Abteilungsleiter, ist 61 Jahre alt und gerade in Pension gegangen, seine Frau ist 52 Jahre alt, seit 25 Jahren ausschließlich Hausfrau. Sie haben erwachsene Söhne, die beide seit kurzem nicht mehr bei ihnen wohnen.

Als Grund für ihr Kommen geben sie an, dass seit der Pensionierung des Mannes die Streitereien stark zugenommen haben.

Herr N. wirft seiner Frau vor, dass sie den Haushalt schlampig führt, zu viel Geld ausgibt, zu viel telefoniert und sich zu wenig um ihn kümmert. Sie wiederum schildert, dass ihr Mann sich in jedes Detail ihres Aufgabengebietes als Hausfrau einmischt und mit seiner Zeit nichts anzufangen weiß.
Das bisherige Leben von Herrn N. war fast ausschließlich durch seinen Beruf geprägt: Er hatte sich konsequent nach oben gearbeitet und während seiner gesamten Berufslaufbahn sehr wenig Zeit für das Privatleben aufgewendet. Lediglich mit einigen wenigen Sportsfreunden traf er sich regelmäßig in einem Ruderclub.
Frau N. ist vielseitig interessiert und unternehmungslustig, trifft sich auch tagsüber mit ihren Freundinnen, besucht regelmäßig Ausstellungen, Lesungen und Theater.

Was wurde in präventiver Hinsicht versäumt?
Es gab kein Nachdenken, keine Gespräche und Reflexionen über Hobbys und Interessen, es gab kein Vorausdenken im Sinne eines Entwerfens von Szenarien, welche Auswirkungen die Pensionierung auf das Zusammenleben haben würde (Nähe-Distanz-Problem durch die Veränderung der Rollen).
Ferner hat Herr N. nie eine Struktur seines zukünftigen Lebens in der Pension entwickelt und auch nie hinterfragt, in welcher Weise er den Verlust des Arbeitsplatzes mit den damit verbundenen Qualitäten von Kontrolle, Anerkennung, Macht und Selbstwert im Privatleben kompensieren könnte. Zusätzliche Probleme erschweren ihm den Umstieg in die Pension: Zum einen trifft seine Frau ihre Freundinnen bereits tagsüber, während seine Freunde zu dieser Zeit noch berufstätig sind, zum anderen wurde Herr N. von der Pensionierung „überrascht", obwohl es in seinem Unternehmen üblich ist, dass man mit 60 Jahren in Pension geschickt wird. Er hatte seiner Frau immer zu verstehen gegeben, dass er bis 65 arbeiten wolle, daher war auch sie nicht auf die Umstellung vorbereitet gewesen.

Beide Partner gaben an, dass sie bis zur Pensionierung von Herrn N. eine gute Ehe geführt haben, sie hätten sich über ihre jeweiligen Tagesaktivitäten gut ausgetauscht, sie hatte seine Karriere unterstützt, war immer für ihn da, war eine gute Hausfrau und Mutter, hatte ihm ein schönes Heim geboten und den Rücken frei gehalten.

Im konkreten Fall war das Paar durch die unvorbereitete Situation in Stress geraten. Herr N. fühlte sich ohne sinnvolle Aufgaben ohnmächtig und reagierte mit Druck, weil seine Frau ihr Leben nicht an ihn anpasste. Frau N. fühlte sich kritisiert und eingeschränkt. Falsche Reaktionen hatten sich angehäuft und in eine negative Spirale aus fruchtlosen und endlosen Streitigkeiten geführt. Die Ehe war bereits von Liebesverlust gezeichnet.

Die Konflikte wären mit Sicherheit auch dann aufgetreten, wenn es rechtzeitige Gespräche gegeben hätte, das Paar hätte dann aber viel mehr Zeit und inneren Abstand gehabt, um die Probleme in kleinen Portionen zu lösen und sich schrittweise auf den nahenden Lebensabschnitt vorzubereiten.

Ad b) Unvorhergesehene Lebensveränderungen
Wir empfehlen Paaren, alle möglichen und auch im Moment unmöglich erscheinenden Ereignisse sowie verborgene Ängste und unausgesprochene Erwartungen zu thematisieren und sich unter Berücksichtigung der derzeitigen Lebenssituation mit zukünftigen Geschehnissen, die eventuell eintreten könnten, imaginativ auseinanderzusetzen. Folgende Fragen können weiterhelfen:

Was ist, wenn wir ein Haus bauen und ich als Alleinverdiener arbeitslos werde oder das Unternehmen, in dem ich beschäftigt bin, in Konkurs geht?
Was ist, wenn einer von uns dauerhaft schwer erkrankt?

Was tun wir, wenn wir keine Kinder bekommen können?
Was tun wir, wenn wir „ungewollt" noch ein Kind bekommen?
Wie werden wir damit umgehen, wenn unsere Eltern pflegebedürftig werden?

Gespräche über diese Themen sind vielen Paaren unangenehm oder gar unmöglich, teils aus falschem Rollenverständnis heraus (vor allem in traditionell geführten – sogenannten asymmetrischen – Beziehungen sorgt der Mann für die Familie und gewährt Frau und Kindern oftmals keinen Einblick in wirtschaftliche Belange oder berufliche Sorgen; die Familie wird unsinnigerweise von der Realität verschont), teils aus dem Unvermögen, konflikthafte Themen anzusprechen.

Dieses Versäumnis führt aber in Krisensituationen zu Brüchen, gerade weil das Vertrauen und die Fähigkeit zu kommunizieren fehlen. Wenn unvorhergesehene Ereignisse eintreten, die eine Partnerschaft natürlich belasten, werden oft zusätzlich verdrängte, nie besprochene Themen aktualisiert. Jetzt unter Stress, sollen Paare, die keinerlei Übung im gemeinsamen Umgang mit Konflikten erlernt haben, plötzlich gute Lösungen erarbeiten. Es ist aber bekannt, dass man in Krisensituationen sehr undifferenziert denkt und fühlt – in dieser Situation kann kein angst- und stressfreies Gespräch stattfinden!

Offene Gespräche über die oben aufgezählten Themen führen zu einem vertieften Kennenlernen und bringen wesentliche Information über den anderen zutage.

Das Resultat dieser Gespräche kann sofort zu jetzt notwendigen abfedernden oder realitätsgerechteren Maßnahmen führen (z.B. hoher Kredit bei gleichzeitig unsicherem Arbeitsplatz – Maßnahme: fachliche Höherqualifizierung, um im Falle eines Arbeitsplatzverlustes bessere Chancen am Arbeitsmarkt zu haben).

Es kann aber auch deutlich werden, dass man gewisse Pläne oder auch Erwartungen fallen lassen muss, weil sie mit diesem Partner nicht verwirklicht werden können. Die gewonnenen Informationen sollten auf jeden Fall ernst genommen und nicht unterschätzt werden.

Freundschaft in der Paarbeziehung

„Die meisten Ehen scheitern nicht aus einem Mangel an Liebe, sondern aus einem Mangel an Freundschaft."
FRIEDRICH NIETZSCHE

Freundschaft und Liebe haben vieles gemeinsam: die wohlwollende Haltung, Wertschätzung, Unterstützung, Loyalität, Toleranz etc., und doch scheint Freundschaft innerhalb einer Liebesbeziehung nicht so einfach oder selbstverständlich zu sein, wie man vermuten würde.

Wir haben Männer und Frauen zu diesem Thema befragt und zitieren einige Antworten:

„Sobald ich mit einem Mann eine Beziehung eingehe, hört die Freundschaft auf!"
„Mit Frauen kann man nicht alles machen, dazu hat man Freunde!"
„Man ist mit der eigenen Frau nicht befreundet!"
„Mit Männern kann man nicht reden!"
„Vom Geschäft erzähle ich meiner Frau nichts!"

Aussagen wie diese schaffen abgegrenzte Männer- und Frauendomänen, sie bilden ab, wie sehr Mann und Frau sich ausschließen, indem sie sich über die Geschlechterrollen definieren, und lassen erahnen, wie schnell ein Streit zum Geschlechterkampf ausarten wird.

Wenn wir die Wichtigkeit von Freundschaft in einer Paarbeziehung betonen, soll das nicht bedeuten, *alles* gemeinsam zu tun, sondern die Möglichkeiten und die Fähigkeiten zu haben, *theoretisch* alles miteinander tun zu können. Wir meinen auch nicht, dass Freundschaft die bestimmende Größe in einer Paarbeziehung sein sollte; dann nämlich würde das

„Kumpelhafte" an die Stelle von Erotik und Sexualität treten und die Liebesbeziehung auslöschen.

Freundschaft als Element der Liebe
- vermittelt Verlässlichkeit,
- aktiviert die Kommunikation,
- erhöht Verständnis und Toleranz,
- verlangt keine Perfektion,
- sieht den anderen als eigenständiges Individuum,
- ermöglicht Auseinandersetzung, denn mit einem Freund/einer Freundin kann ich darüber sprechen, was mich betrifft: Ich muss mich nicht bei anderen über dich beklagen!

Freundschaft als eigenständiges Phänomen
wird in bestimmten Lebensphasen wichtig, wenn Kameradschaft und Loyalität gefragt sind:
- in persönlichen Krisenzeiten,
- wenn Liebesgefühle vorübergehend nachlassen sowie
- im Alter und bei Krankheit.

Freundschaft schützt die Liebe, bestärkt und stabilisiert sie und in Krisenzeiten gleicht sie Liebesdefizite aus.

Die Liebe kann auch von der Freundschaft lernen:
   weniger Erwartungen und überzogene Ansprüche zu stellen, welche sich aus der Identifikation mit dem Partner ergeben, denn der Freundschaft wohnt eine geringere besitzergreifende Haltung inne, wodurch man weitaus toleranter sein kann; insofern entspannt Freundschaft die Partnerschaft.
   In der Liebe ist niemand festgelegt auf eine einzige Rolle, jeder darf alle Rollen spielen, und gerade dadurch erschließen sich unendlich viele Ebenen der Begegnung, in denen sich beide Partner wieder und wieder entdecken können. Freundschaft in

einer Liebesbeziehung ist jenes Element, welches uns den Boden bereitet, ein ganzer Mensch sein zu dürfen.

Partnerschaft und Freunde
Genauso wenig wie Freundschaft in einer Liebesbeziehung ausgeschlossen werden darf, sollten Freunde im Leben eines Paares fehlen.
Freunde sind eine Bereicherung der Lebenswelten und außerdem ein verlässliches Korrektiv, denn sie merken am schnellsten, ob eine Partnerschaft bereichernd oder einengend wirkt und ob Nähe und Distanz in einem gesunden Maß gelebt werden.

Immer wieder berichten Frauen in der Therapie, wie enttäuscht sie über ihre Freundinnen seien und wie sehr sie sich als Lückenbüßerinnen fühlten: Sobald ein Mann ins Leben einer ihrer Freundinnen trete, würden sie nicht mehr gebraucht und hörten erst dann wieder von ihr, wenn der Partner keine Zeit hat oder die Beziehung wieder beendet ist.
Umgekehrt erzählen viele Männer, dass ihre Partnerinnen extrem eifersüchtig auf ihre Freunde reagierten, sodass sie aufgehört hätten, sich mit ihren Freunden zu treffen.

Nach unseren Erfahrungen können Paare, deren Beziehung von Freundschaft geprägt ist, sowohl ihren gemeinsamen als auch den je eigenen Freunden und Freundinnen mühelos einen festen Platz in ihrem Leben zugestehen. Hier zu stellende hilfreiche Fragen sind:

> *Gibt es freundschaftliche Elemente in meiner Partnerschaft?*
> *Gibt es Themen, die ich nur mit Freunden und nicht mit meinem Partner/meiner Partnerin bespreche?*
> *Was hindert mich daran, mit meinem Partner/meiner Partnerin befreundet zu sein?*

Vertrauen durch Konfliktfähigkeit

Wenn der Mensch etwas zutiefst will, dann ist das Frieden. Und dennoch sind Aggression und Gewaltakte auch oder gerade innerhalb der Familie an der Tagesordnung, ist die Idee einer friedvollen Koexistenz aller Lebewesen Utopie geblieben. Konflikte gehören offenbar zum Leben, auch wenn sie keiner will. Selbst wer Konfliktsituationen gewaltsam beantwortet, sucht nicht den Konflikt, sondern will so rasch wie möglich seine unangenehmen Spannungen loswerden. Problematisch ist also nicht der Konflikt an sich, sondern der verfehlte Versuch einer Lösung.

Wer aber bringt uns bei, wie Konflikte zu bewältigen sind? Wo wird unsere Konfliktfähigkeit geschult, wo unsere Friedensfähigkeit?

Glück hat, wer als junger Mensch von Autoritätspersonen ermutigt wurde, vorrangig seinen eigenen Gefühlen zu trauen und seine eigene Wahrheit zu vertreten; wer miterleben durfte, wie Meinungsverschiedenheiten im Sinne einer guten gemeinsamen Lösung wertschätzend und wohlwollend ausgetragen wurden; wer sich zeigen durfte und nicht beschämt wurde für das Seine.

Die Erfahrungen der meisten Menschen sind ganz andere: Über sie wurde entweder hinwegbestimmt oder sie wurden mit ihrer Entscheidungsfindung alleingelassen.

Auf die Frage nach der „Streitkultur" im Elternhaus erhält man zwei stereotype Antworten: entweder wurde dauernd oder aber nie gestritten. In beiden Fällen kam es zu keiner positiven Beendigung des Konfliktes.

Es scheint das rechte Maß zu fehlen: zu viel oder zu wenig Fürsorge, zu viel oder zu wenig Grenzen, zu viel oder zu wenig Auseinandersetzung.

Wobei bemerkenswert ist, dass auch Scheinharmonie (so zu tun, als ob nichts sei) als spannungsgeladene und bedrückende Atmosphäre erlebt wird, mangelnde Ausdrucksmöglichkeit also zu innerem Leidensdruck führt.

Wollen wir in innerem und äußerem Frieden leben, müssen wir den steinigen Weg der Auseinandersetzung wählen.

Nehmen wir die Struktur eines beliebigen Märchens: Der Protagonist befindet sich in einer schwierigen Lage, fasst sich ein Herz und bricht auf ins Ungewisse. Er beweist seine Standfestigkeit, entwickelt neue Fähigkeiten im Umgang mit der Welt und kehrt nach Abschluss seiner Entwicklung gereift an den Ausgangspunkt seiner Reise zurück. Der Held hätte auch gleich zu Hause bleiben können, doch er wäre unerlöst geblieben, hätte er nicht dem Anstoß zu seiner Entwicklung gehorcht.

Jeder Mensch hat eine Unruhe in sich, die ihn drängt, etwas anzugehen: Potentiale, die entfaltet werden wollen; Ideen, die auf ihre Verwirklichung warten. Sobald wir spüren, dass wir etwas ändern sollten, kollidieren unsere Gewohnheiten mit dem Neuen oder unsere Wünsche mit den Erwartungen der anderen. Diesen Zustand von Unentschiedenheit, Unklarheit und Angst würden wir gerne sofort überspringen oder beseitigen.

Genau an diesem Punkt beginnt die Schulung der Konfliktfähigkeit: die Fähigkeit, sich mit sich selbst und auch mit anderen auseinandersetzen zu können.

In der ersten Phase der Verliebtheit findet ein großer Anpassungsprozess statt und bestehende Unterschiede werden ignoriert. Jeder kommt dem anderen entgegen, alles scheint machbar und in Übereinstimmung zu sein. Die ersten Konflikte treten auf, wenn trennende Elemente sichtbar werden: In diesem

Stadium zerbrechen Beziehungen sehr häufig, gerade *weil* es den Partnern an Konfliktbereitschaft mangelt. Es kommt entweder zum radikalen Bruch oder zu einer unnatürlichen, andauernden Symbiose, in der es nur ein WIR gibt, das, abgeschottet gegen den Rest der Welt, kein ICH und DU mit je eigenen Lebensräumen zulässt. Beide sind frustriert im unermüdlichen Versuch, sich gegenseitig ihr Lebensmodell oder Beziehungsbild aufzudrängen. Aus dem ursprünglichen Wunsch nach Harmonie wird ein erbitterter Machtkampf.

Paare, die Trennendes in ihrer Beziehung nicht zulassen können, landen meist in einer Sackgasse oder werden genau damit konfrontiert, was sie am wenigsten wollen: mit der Trennung.

Herr K. hat gerade wieder eine gescheiterte Beziehung hinter sich:
Nach dreijähriger „fulminanter" Partnerschaft mit einer „tollen" Frau zerbrach die Beziehung von einem Tag auf den andern. Anzeichen von ernsthaften Disharmonien hatte er nicht wahrgenommen und so endete auch diese Beziehung wie die vorangegangenen: unerklärlich und völlig unerwartet für ihn.
Da er die Trennung nicht versteht, bleibt er auf die Frau fixiert und ist unfähig, sich zu lösen.

Konfliktstrategien
Da die Streitkultur von Paaren ein großes Thema in den Paarberatungen darstellt, wollen wir anhand des Phänomens „Streiten" aufzeigen, wie Strategien des schlechten bzw. des guten Konflikts aussehen könnten. Streiten kann eine Beziehung im positiven Sinne beleben, doch leider bringt nicht jede Art des Streitens einen Energiezuwachs.

Strategien des schlechten Konflikts
Grundsätzlich spricht man von einem schlechten Konflikt, wenn keine guten Lösungen erzielt werden bzw. keine

weiterführenden Erkenntnisse gewonnen werden. Zwei Pole der Streitkultur (dazwischen gibt es noch viele Möglichkeiten an „Kommunikationssünden") sind

a) Dauernd streiten:
Es gibt Dauerstreiter, die sich wegen jeder Kleinigkeit in den Haaren liegen und nie zu einer Lösung finden. Beim destruktiven Streit dreht sich die Kommunikation im Kreis, Nähe geht ebenso verloren wie der Spielraum für kreatives Geschehen. Oft sind diese Streitigkeiten mit einem bestimmten Kommunikationsmuster verbunden, wie der alleinigen Schuldzuweisung an den anderen, Vorhaltungen mit Wörtern wie „typisch", „immer", „nie" ... oder sogenannten „Killerphrasen" wie „Du bist genauso wie deine Mutter!", „Du bist verrückt!", „Das sagen alle unsere Freunde!", „Die Kinder sehen das genauso wie ich!".
Davon ableitbar ist eine dahinterliegende feindselige Haltung, die auf einen bereits eingetretenen Liebesverlust hinweist. Man ist mit allem unzufrieden, was der andere tut oder sagt. Die eigene Lieblosigkeit, welche sich z.B. in Form von Machtspielen, Rechthaberei und Zerstörungswut zeigt, wird nicht reflektiert, sondern auf den Partner/die Partnerin projiziert (der andere ist der Aggressor!).
Da das „Punkten" gegen den anderen im Vordergrund steht, bringt der schlechte Konflikt nur Verlierer hervor, denn auch der scheinbare Gewinner verliert, indem er gegen die Beziehung und damit gegen sich selbst agiert.

b) Nie streiten:
Eine zweite Form der schlechten Konfliktlösung ist die Konfliktvermeidung. Dahinter stehen oft die Angst vor der Austragung des Konflikts oder das Gefühl der Resignation

durch die Erfahrung, dass sich durch Aussprachen in Beziehungen ohnehin nichts ändert.

Paradoxerweise vergrößert sich der Konflikt durch das Ignorieren, denn ungelöste Konflikte verschwinden nicht einfach, sondern zersetzen eine Beziehung unterschwellig und können längerfristig auch unsere körperliche Gesundheit angreifen.

Beide Strategien bewirken eine Einengung, weil sich die Möglichkeiten der Kommunikation stark einschränken.

Strategien des guten Konflikts
Durch wohlwollende Auseinandersetzung entstehen Verständnis und Spielraum. Das Paar ist bemüht, rechtzeitig nach Lösungen zu suchen und den Konflikt nicht eskalieren zu lassen. Aus der Erfahrung, dass man dem Partner offen gegenübertreten und alle Dinge ansprechen kann, ist auch die Garantie gegeben, dass die Kommunikation nicht abbricht. Ferner entstehen auch keine Tabuthemen, deren Vorhandensein sich in einem Krisenfall nachteilig auswirken kann. Der gute Konflikt zeichnet sich dadurch aus, dass Vertrauen gestärkt wird und sich weiter stabilisieren kann. Man traut sich und dem anderen zu, dass der Konflikt konstruktiv bewältigt werden kann. Die Gewissheit und die Sicherheit, miteinander Konflikte lösen zu können, führen in einer positiven Spirale wiederum zu mehr Vertrauen und generell zu einer höheren Beziehungsqualität.

Wie eine prozesshafte Annäherung an eine gute Lösung stattfinden könnte, finden Sie nachfolgend modellhaft skizziert:

Das 4-Schritte-Modell

1. **Die Fähigkeit zur inneren Stellungnahme: Was will ich wirklich?**

Ein Streit, der mit diffusen Schuldzuweisungen oder Projektionen begonnen wird, ist bereits zum Scheitern verurteilt, daher muss jeder Auseinandersetzung mit dem Gegenüber eine Phase der Selbstklärung vorausgehen. In dieser Phase soll auch reflektiert werden, ob der entstandene Partnerschaftskonflikt nicht der Konflikt eines Einzelnen ist. In diesem Falle müsste der Einzelne den Konflikt lösen, der andere kann dabei aber helfen und unterstützend wirken. Es soll dadurch verhindert werden, dass der Konflikt des Einzelnen zum partnerschaftlichen Konflikt wird.

So wie Konflikte eines Partners sehr oft die Partnerschaft belasten, so gibt es auch umgekehrt den Fall, dass Partnerschaftskonflikte, die nicht ausgetragen werden, zum alleinigen Konflikt eines Partners werden. Dahinter steht oft die resignative Erfahrung des/der Betroffenen, dass Konflikte mit dem Partner ohnedies zu keiner zufriedenstellenden Lösung führen und dass das Ansprechen der Konflikte zu einer weiteren Eskalation führen würde. Die bewusste bzw. unbewusste Haltung, dass die Lösung des Problems weitere Probleme nach sich ziehen würde, ist vorherrschend und bewahrt das Paar vor Veränderungen und Unsicherheit. Ein Beispiel: Die Frau will, dass der Mann nicht so viel arbeitet, daraufhin reduziert er sein Arbeitspensum und kommt früher nach Hause, was den Frust vergrößert, weil offenkundig wird, dass es keine gemeinsamen Interessen gibt.

Was will ich wirklich?
Worum geht es mir letztendlich?
Was halte ich von der Sache?

Erst wenn man für sich selbst den Konfliktanlass genau benennen und eingrenzen kann, sollte man darüber reden.

2. **Die Fähigkeit, sich adäquat zu äußern:**
   Wie will ich es dem anderen sagen?

Nun geht es darum, die gewonnene Einsicht nach außen zu verantworten – ein Schritt, der ebenso viel Mut zur unangenehmen Konfrontation wie auch Reife verlangt, um eine eventuelle Ablehnung ertragen zu können.

Um vom anderen wirklich verstanden zu werden, bedarf es der Klarheit: Man muss sich in Form einer eindeutigen Ich-Botschaft deklarieren! Ich hätte gerne, ich brauche von dir, ich merke, ich spüre ...

Je unversehrter die Person (und die Beziehung), desto leichter fällt ihr natürlich die Selbstbehauptung.

Neben persönlichen Stärken wie Sachlichkeit in der Darstellung, Ehrlichkeit und Selbstbewusstsein kommt es auf den richtigen Ton und die Wortwahl ebenso an wie auf rechtzeitige Mitteilung zum rechten Zeitpunkt. Man kann eine faire Ausgangssituation schaffen, indem man den Partner/die Partnerin auf das Konfliktthema vorbereitet: „Kannst du dir heute Abend eine Stunde Zeit nehmen? Ich möchte mit dir besprechen, wie wir so eine unerfreuliche Situation wie gestern mit deinen Eltern in Zukunft vermeiden können!"

3. **Die Fähigkeit zum Dialog:**
   Was will der andere?

Auch dem anderen muss aus Gründen der Fairness eine angemessene Zeit eingeräumt werden, um seinen Standpunkt zu finden. Dialogfähigkeit (die Fähigkeit, im Gespräch und in Beziehung zu bleiben) bedeutet: die Bereitschaft, auf die

Beweggründe des anderen einzugehen, auch wenn sie den eigenen zuwiderlaufen; sich selbst wieder zurückzunehmen, um unvoreingenommen und offen zuhören zu können; den Versuch zu unternehmen, den anderen zu verstehen und ihm durch offene Fragen Respekt und Interesse für seine Sicht der Dinge entgegenzubringen.

4. Die Fähigkeit zum Konsens: Was wollen wir gemeinsam?

Stehen sich nun zwei unterschiedliche Wünsche, verschiedene Erwartungen oder Vorstellungen gegenüber, beginnt die Suche nach kreativen Kompromissen. Nicht immer wird es eine gute Gesamtlösung für beide geben, doch immer gibt es die Möglichkeit eines zumindest kleinen Gewinns für beide. Ideal wäre, dass sich keiner von beiden als Verlierer fühlt.

Mit dem ausgehandelten Ergebnis müssten beide so weit einverstanden sein, dass dieses bearbeitete Thema möglichst nie wieder Anlass für Vorwürfe oder einen wiederholten Konflikt werden kann.

Wie aus diesem 4-Schritte-Modell ersichtlich wird, verzichten im Idealfall beide Konfliktpartner entschieden auf Druck, Machtausübung und kurzfristige rhetorische Siege. Im Gegenteil: Sie verlieren weder den anderen noch das Ziel einer gemeinsamen Lösung aus den Augen.

Abschließend möchten wir das oben Gesagte anhand des Beispiels eines zweistündigen Beratungsgespräches demonstrieren:

Eine junge Frau meldete sich telefonisch zur Beratung an, weil sie schwanger war und nicht wusste, ob sie sich für oder gegen das Kind entscheiden soll, da der Vater des Kindes verheiratet war.

Auf unseren Vorschlag hin, den Mann in die Gespräche einzubeziehen, kam das Paar gemeinsam in die Praxis. Beide standen sichtlich unter Druck, wobei der Mann zusätzlichen Druck auf seine Freundin ausübte, weil er das Kind unbedingt wollte.

In einem ersten Schritt wurden die jeweiligen Beweggründe des Paares herausgearbeitet. Der Mann musste sich schließlich eingestehen, dass er dieses Kind weniger aus Kinderliebe wollte als vielmehr, um aus seiner unglücklichen Ehe zu entkommen und um seine Freundin an sich zu binden. Die Frau begründete ihre Zweifel damit, dass sie eine Entscheidung frei von äußerem Druck wolle; dass er zu ihr kommen solle, weil er sie liebe, und nicht, weil er sich wegen des Kindes für sie entscheiden müsse.

In dieser Phase ist es dem Paar gelungen, die jeweiligen Ängste und Motive ehrlich auszusprechen. Die Frau hatte große Probleme, zu äußern, dass sie an Abtreibung dachte, weil er sich so über das Kind freute und bereits Zukunftspläne schmiedete. Für sie war die Beziehung noch nicht so weit gefestigt, dass sie klare Perspektiven vor sich hatte, doch fürchtete sie, ihn zu verlieren, wenn sie sich gegen das Kind entschiede. Nach dem Ansprechen der tabuisierten Themen waren beide erleichtert und es war spürbar, dass sich das Paar in großer Liebe zugetan war. Der Mann konnte verstehen, dass eine Abtreibung keinen Schlussstrich bedeutete, dass seine Freundin ihn im Gegenteil sehr liebte und eine verbindliche Beziehung mit ihm wünschte. Es wurde ihm noch klarer, wie groß seine Ängste waren, einerseits die Freundin zu verlieren und andererseits davor, mit seiner Gattin zu sprechen. Er hatte die Phantasie, dass er diese vor vollendete Tatsachen stellen würde und sie ihn dann ohnehin hinauswerfen würde.

Er erkannte, dass er gerne den leichteren Weg gegangen wäre und die Entscheidung sozusagen dem Schicksal überlassen hätte, dass er aber den Mut finden musste, den Trennungsprozess einzuleiten und sich dem Konflikt mit seiner Gattin zu stellen.

Seine Freundin erkannte, dass er sie wirklich liebte und zu ihr wollte, aber auch, dass eine Familiengründung derzeit sicherlich nicht der richtige Weg sei. Er konnte ihre Entscheidung jetzt akzeptieren und beide meinten, es würde später durchaus möglich sein, Kinder zu haben.

Präventive Gespräche über Tabuthemen

Sexuelle Untreue

Treue ist für die meisten Paare ein sehr hoher und unantastbarer Wert. Der Gedanke, dass der oder die Partnerin intime Augenblicke mit einer fremden Person teilt, verursacht bei den meisten Menschen heftige Eifersucht, Angst vor Verlust und Vergleich, Aggressionen oder Ekelgefühle. Höchst unangenehme Empfindungen also, wenn nicht gar eine massive Bedrohung, über die man lieber nicht sprechen und die man schon gar nicht erleben will. Daher wird das Thema meist sehr schnell und strikt abgehandelt, indem klargestellt wird, dass die Beziehung auf der Stelle beendet wäre, wenn das jemals passieren sollte. Diese Regelung schützt den eigenen fragilen Selbstwert und gibt Sicherheit, zumindest theoretisch, doch praktisch verschließt sie die Kommunikation über wichtige Lebensphänomene. Sie macht aus einem heiklen Thema ein Tabuthema und erstickt jedwede Reflexion im Keim. Denn das Phänomen der Untreue in Form von einmaligen Seitensprüngen, kürzeren oder längeren Affären existiert bereits, seit es Menschen gibt, und selbst gute Beziehungen sind daran schon zugrunde gegangen. Es gibt keine hundertprozentige Sicherheit, dass es gerade uns nicht passieren wird. Paare kommen in Krisen, machen Fehler, Gefühle stumpfen im Alltag ab. Außerdem widerfährt uns Verliebtheit, als individuelles entwicklungspsychologisches Phänomen, besonders an wichtigen Nahtstellen, Übergängen im Leben, wo es um persönliche Veränderungen und Reifungsschritte geht, oder als Folge von Kränkungen, Todesfällen in der Familie und besonders häufig nach beruflichen Abwertungen.

Niemand will es. Trotzdem passiert es.

Sinn der präventiven Gespräche ist es, Offenheit zu ermöglichen: nicht nach außen, sondern nach innen, da sich Beziehungen natürlich auf anderes hin öffnen, wenn die Kommunikation zwischen dem Paar nicht mehr fließen kann.

Niemand will es. Trotzdem passiert es.
Wie also wollen wir damit umgehen, wenn der Fall dennoch eintritt?

> *Ist es für mich denkbar, dass ein Seitensprung passiert?*
> *Warum schließe ich Untreue für mich aus bzw. nicht aus?*
> *Habe ich Erfahrungen mit sexueller Untreue?*
> *Will ich die Wahrheit wissen?*
> *Habe ich Vertrauen in meinen Partner und in die Stabilität unserer Beziehung?*
> *Kenne ich die Haltungen und Einstellungen des anderen?*
> *Will der andere die Wahrheit wissen?*
> *Wann würde der andere mich einbeziehen?*
> *Welche Vorgehensweise würde er/sie sich wünschen?*

In der paartherapeutischen Praxis haben wir Folgendes festgestellt:
Derjenige mit der Außenbeziehung ist selbst total verunsichert, weiß nicht, wie er mit seiner Untreue und den damit zusammenhängenden Gefühlen umgehen soll:

- Er/Sie weiß nicht, welche Bedeutung er/sie dem Seitensprung beimessen soll.
 (Geht es um etwas Persönliches oder um ein Beziehungsdefizit? Muss in der Beziehung etwas verändert werden?)
- Er/Sie weiß nicht, wie er/sie damit umgehen soll: gestehen oder geheim halten?
- Er/Sie weiß nicht, wie der/die andere darauf reagiert.

- Er/Sie weiß nicht, wie er/sie es sagen soll.

Mehrere Unsicherheiten treffen hier aufeinander: Zu den ohnehin verwirrten Gefühlen gesellen sich wirre Gedanken. In diesem Aufruhr miteinander zu reden, ist schon für jene Paare schwer genug, die normalerweise über eine gute Gesprächsbasis verfügen. Für Paare, die es nicht gewohnt sind, über heikle oder konflikthafte Themen zu sprechen, bedeutet dies schlichtweg eine Überforderung.

Wenn man weiß, wie viel Offenheit dem anderen zumutbar ist, wenn man weiß, wie der andere über dieses Thema denkt und wie er selber damit umgehen würde, weiß man auch, ob man erzählen oder schweigen soll und ob man Hilfestellung erwarten kann (die Gewissheit, dass der andere zu mir und zur Beziehung steht und mich nicht im Stich lässt, wenn ich um Hilfe bitte). Wenn ich die Reaktion des anderen nicht einschätzen kann, bringt mich diese Unsicherheit zum Schweigen. Das kann klug sein, kann aber auch die Dramatik verschärfen, indem der Seitensprung unbemerkt und ungehindert zur Affäre wird. Offenheit geht verloren, die Lüge beginnt, entfremdet, schränkt die Kommunikation ein.

Um anschaulicher zu machen, welche Verhaltensweisen und Schwierigkeiten sich bei Außenbeziehungen ergeben, möchten wir ansatzweise einige Empfehlungen abgeben bzw. aus der paartherapeutischen Praxis berichten, welche Fehler von Paaren die Situation verschlechtern.

Wann sollte man besser von der sexuellen Untreue nichts erzählen?

- Wenn es sich um ein singuläres, bedeutungsloses Ereignis handelt.

- Wenn man durch das Geständnis nur das eigene schlechte Gewissen entlasten will.
- Wenn man weiß, dass der Partner/die Partnerin damit nicht umgehen könnte (moralische oder religiöse Gründe, Zweifel an der Beziehung, endgültiger Vertrauensbruch).
- Wenn man den anderen nicht belasten kann (etwa weil er krank ist, trauert, psychisch nicht belastbar ist etc.).

Wann und zu welchem Zeitpunkt sollte man unbedingt miteinander reden?

- Wenn die Beziehung in Gefahr gerät und man die bestehende Beziehung retten will.
- Wenn die Untreue etwas mit der Beziehung zu tun hat (ein Defizit, das es mit dem Partner/der Partnerin zu lösen gilt).
- Wenn man die Sache nicht mehr geheim halten kann und man will, dass der Partner die Information aus erster Hand erhält.
- Wenn man Hilfe bei der Problemlösung benötigt.

Alles, was im Zuge der Untreue passiert, kann zu Beziehungsproblemen oder Brüchen führen. Aus vielen Gesprächen mit Paaren wissen wir, dass die sexuelle Untreue an sich verkraftbar und verzeihlich gewesen wäre. Die meisten Verletzungen entstanden durch unklare Kommunikation, die zu einer Selbstwertverletzung führte, sowie durch einen insgesamt missglückten Umgang mit der Situation.

Häufige Fehler sind:

- Übergroßer Druck von Seiten des betrogenen Partners in Richtung einer sofortigen Entscheidung.

Folge: Keine Gewissheit, dass die Entscheidung füreinander aus ganzem Herzen und freien Stücken geschehen ist. Keine Wiederherstellung des beeinträchtigten Vertrauens.

- Dauernd über das Thema sprechen.
Folge: Diskussionen ufern aus, rotierende Beziehungsgespräche erschöpfen und werden zunehmend vermieden.

- Massive Vorwürfe von Seiten des betrogenen Partners über einen langen Zeitraum.
Folge: Gefühl der Entmündigung, Scham, keine Entschuldigung möglich.

- Nicht über das Thema sprechen.
Folge: Empfindliche Kommunikationseinschränkung. Konflikte bleiben unbewältigt, bahnen sich andere Wege (z.B. Sticheleien im Alltag, Krankheiten etc.).

- Keine Entscheidung treffen können oder wollen.
Folge: Kein Neubeginn möglich. Keine Wiederherstellung des angeknacksten Selbstwerts. Beziehung kränkelt. Führt früher oder später zur emotionalen Trennung.

- Es findet kein Versöhnungsprozess statt.
Folge: Vorwürfe tauchen immer wieder auf.

Abschließend wollen wir nochmals darauf hinweisen, dass wir mit diesen präventiven Gesprächen den Paaren Mut machen wollen, auch über trennende Themen ehrlich miteinander zu sprechen, nicht Halt zu machen bei der eigenen Unsicherheit, sondern weiter zu fragen: Und was ist, wenn es mir oder dir doch passiert? Ist unsere Beziehung stark genug, um Fehler zu verkraften? Diese Gespräche, die wichtige Erkenntnisse über Einstellungen und Haltungen zu allen möglichen Lebensfragen bringen, schaffen entweder Vertrauen in die geplante Reise zu zweit oder sie lassen erahnen, dass die Beziehung an den ersten Schwierigkeiten zerbrechen wird.

Nicht demjenigen gilt mein Vertrauen, der mir Treue verspricht, sondern demjenigen, der schwierige Situationen mit mir meistern will.

Abschiedlich leben

Ein weiteres Tabuthema ist der Tod. Was hat Tod mit dem Leben, was hat Abschied mit Beziehungsgestaltung zu tun? Die Bewusstheit des Vergänglichen verleiht der Gegenwart eine andere Bedeutung, sie zwingt uns, im Moment zu leben, den Augenblick zu würdigen und sich nicht in Spekulationen über Vergangenheit und Zukunft zu verlieren. Indem wir das Unmögliche zu denken wagen, erwachen wir im Hier und Jetzt, wir erkennen, dass wir angefragt sind, das Beste aus den vorhandenen Gegebenheiten zu machen. Gerade durch die Begrenztheit eines Lebens, auch jedes Beziehungslebens, entstehen Einmaligkeit und Letztmaligkeit.

> Die Vergänglichkeit allen Seins fordert uns auf,
> - die Zeit zu nutzen, ansonsten würden wir alles auf irgendwann verschieben,
> - eine Liebe zu hegen und zu pflegen, weil sie nicht selbstverständlich bestehen bleibt,
> - das wertzuschätzen, was wir haben.

Abschiedlich leben heißt, im Bewusstsein zu handeln, dass Trennung jederzeit möglich, ja sogar unausweichlich ist. Trennendes gehört zu jedem Beziehungsleben dazu und indem wir dies akzeptieren und nicht ausklammern, verdichten sich unsere Gefühle der Nähe: Der andere bleibt ein Geschenk auf Zeit. Abschiedlich leben wird durch die Gewissheit erleichtert, dass ein Leben alleine möglich ist, deshalb sollten eine gesunde Distanz sowie bewusste Phasen des Alleinseins gefördert werden. Ebenso braucht es Mut, bis ans Ende hinzudenken und letzte Fragen zu berühren.

Im Sinne der Prävention
- sollten letzte Wünsche des Partners berücksichtigt werden,

- sollte eine offene Auseinandersetzung mit diesen Wünschen stattfinden,
- sollten Werte und Interessen gefördert bzw. brachliegendes Potential aktiviert werden,
- sollten konkrete Vermächtnisse besprochen werden.

Auch beinhaltet abschiedlich zu leben die Sorge um den anderen und die Fürsorge für ihn sowie den Wunsch, dass es dem anderen über den Tod des Partners hinaus gut gehen möge: Hier denken wir vor allem an die wirtschaftliche Sicherheit, die Regelung und Gestaltung des vorhandenen Vermögens und die Versorgung der Kinder. Durch diese Gespräche entstehen Vertrauen, Intimität und intensive Nähe. Die Beziehung wird durch das Wissen, dass alles gut aufgehoben ist beim anderen, qualitativ auf eine andere Ebene gebracht.

Indem wir unseren Beziehungsalltag abschiedlich und damit intensiv und gegenwärtig leben, wird unser Bewusstsein geschult: Wir genießen das Gute, ziehen Bilanz in Hinsicht auf das Schöne und das Gelungene. Gerade durch das Bewusstsein der Endlichkeit intensiviert sich unsere Wahrnehmung und der Kostbarkeitscharakter des Lebens wird deutlich. Eine maßvolle und demütige Haltung entsteht als Gegenkraft zur Unzufriedenheit und zu überzogenen Ansprüchen an das Glück. Folgende Fragen bringen dies zum Ausdruck:

> *Was will ich mit meinem Partner noch erleben?*
> *Wie werde ich mein Leben ohne meinen Partner gestalten?*
> *Wodurch wird mein Partner in mir weiterleben?*

Die Bedeutung von Sexualität und Erotik in der Paarbeziehung

„Das Sexuelle ist nicht mehr als der Ausdruck des Liebeslebens und nicht weniger als seine Krönung."
Viktor Frankl

Sexuelle Kommunikation ist ein stabilisierender Faktor in der Beziehung, denn eine erfüllte sexuelle Beziehung verschließt Möglichkeiten in Richtung anderer Partner. Gelungene Sexualität als ein Ausdruck der Persönlichkeit verbindet und bereichert die Beziehung als körpersprachlicher Ausdruck unserer Zuneigung. Weiters vermag Sexualität – angespornt durch die Erfahrungen von Nähe und Verbundenheit – eine Zeit lang den Willen und die Motivation zur Auseinandersetzung mit anderen Problemen zu erhöhen.

Das eigene Sexuelle und die gemeinsame Sexualität
Zum besseren Verständnis möchten wir den Begriff des „Sexuellen" genauer beschreiben.

Das jeweils Sexuelle eines Menschen offenbart sich als Kreatürlichkeit, Lust, Trieb, Naturhaftigkeit und Lebendigkeit, als ureigene Wesensbestimmung und personaler Ausdruck des Individuums.

Sexualität als konkrete Ausdrucksform des Sexuellen hingegen ist eine gesellschaftliche Erscheinungsform und daher immer vom Zeitgeist geprägt, immer schon mit Normen, also Orientierungsprinzipien in Form von Geboten und Verboten gekoppelt, welche nur in einer bestimmten Gesellschaft zu einer bestimmten Zeit Geltung besitzen, und wird genau danach moralisch bewertet.

Zwischen dem jeweils Sexuellen und der Sexualität bleibt

dadurch immer eine gewisse Kluft bestehen. Die Unstillbarkeit und Ruhelosigkeit des Sexuellen erklärt sich daraus, denn die Sexualität kann das Sexuelle nie völlig integrieren – dies gelingt nur der Liebe.

Jeder Partner muss also mit seiner je eigenen Leiblichkeit und der gemeinsamen Sexualität leben:

Das je eigene Sexuelle und die gemeinsame Sexualität müssen in die Beziehung integriert werden, sofern man Sex nicht im Alleingang will.

Viele Menschen glauben, dass es eine an sich richtige Sexualität gebe. Doch ist das Sexuelle etwas überaus Individuelles, Ursprüngliches, unbezwingbar Eigenes, das in Form von Phantasien, Sehnsüchten oder Unzufriedenheit immer wieder zum Vorschein kommt.

Dieser personale Kern im Sexuellen, der wie alles Personale danach drängt, authentisch zum Ausdruck gebracht zu werden, braucht Vertrauen in den Partner, die Sicherheit, nicht missbraucht zu werden. Glück und Unglück liegen hier ganz nahe beieinander: In seinem intimsten Ausdruck vom anderen angenommen und begehrt zu sein, sich nackt zeigen zu können und sich vom anderen bis ins tiefste Innere bestätigt zu fühlen, ist wohl das erhöhendste und erfüllendste Moment einer Begegnung. So wie der Geist oder das Herz bei einem anderen Menschen Ruhe und Heimat finden können, so kann man sich auch körperlich bei jemandem zuhause fühlen.

Andererseits können sich unbedachte Bemerkungen, Unachtsamkeiten oder Kritik äußerst kränkend und erniedrigend auf den Selbstwert auswirken und ein weiteres Sich-Öffnen unmöglich werden lassen.

Ein weiteres Phänomen, welches in der sexuellen Kommunikation häufig auftritt, ist die **Sprachlosigkeit**.

Grund dafür ist der Umstand, dass Sexualität noch immer als Tabuthema gilt, aber auch die Schwierigkeit, eine persönliche Sprache für die eigene Sexualität zu finden. Ist Ansprechen von Wünschen und Phantasien unmöglich, verlagert sich die Sexualität ins Heimliche, um wieder Spannung zu erzielen. Dies ist aber eine unerwünschte Spannung, die von der bestehenden Beziehung wegführt.

Das Verdrängen oder Verharmlosen sexueller Wünsche und Bedürfnisse führt nach unseren Beobachtungen sehr schnell in eine Isolation, die kaum wieder überwunden werden kann.

Wenn es nicht gelingt, sich dem anderen auch in seiner Sexualität zuzumuten und seinen eigenen sexuellen Ausdrucksmöglichkeiten zum Leben zu verhelfen, findet wertvolles Erleben bzw. der Austausch darüber nicht statt. Intimes wird dann, aus welchen Gründen auch immer, verheimlicht und es entstehen Oasen, welche auch durch Übereinstimmungen in anderen Bereichen nicht vollständig kompensiert werden können.

Wie man mit dem Partner sexuell kommuniziert, ist jedenfalls immer auch ein Ausdruck der eigenen Persönlichkeit und stellt damit eine verbindende Basis und Bereicherung der Beziehung dar oder umgekehrt eine Einschränkung der gemeinsamen Möglichkeiten.

Im positiven Falle gewährleistet Sexualität eine innige Verbundenheit, Zugehörigkeitsgefühle und damit das freiwillige Erkenntnis zur Treue. Sie trägt zu Harmonie und Frieden bei und stellt einen Quell der Lebensfreude, der Verjüngung und des Selbstwertes dar.

Man kann unterschiedlicher Meinung darüber sein, welche Rolle die körperliche Attraktivität des Partners in einer

Beziehung spielen soll. Unbestritten ist, dass man sich einem Menschen gerne und oft nähert, wenn man ihn anziehend findet, und dass damit eine positive Selbstwertspirale beginnt. Die Bestätigung unserer Leiblichkeit ist immer auch eine Vergewisserung unserer Identität und wirkt als stabilisierender Faktor sowohl auf die Persönlichkeit als auch auf die allgemeine Beziehung, außer bei Streit.

In der paartherapeutischen Praxis zeigt sich, dass viele Trennungen „nur" durch sexuell motivierte Außenbeziehungen eines Partners zustande kommen, für den das Liebesleben in der Beziehung unbefriedigend war, auch wenn auf anderen Ebenen große Wertschätzung bestand. Nicht dass guter Sex allein auf Dauer eine schlechte Beziehung retten oder schlechter Sex eine gute Beziehung ruinieren könnte – doch sei angemerkt, dass ein erfülltes Sexualleben gegen andere Angebote und Verführungen immunisiert.

In diesem Zusammenhang noch einige Bemerkungen zur *sexuellen Untreue*: Diese stellt generell eines der heikelsten Themen dar, denn sie betrifft das Intimste, das zwei Menschen verbindet. Der Selbstwert des betrogenen Partners/der Partnerin ist dadurch unmittelbar und in sehr großem Ausmaß betroffen. Die Reaktionen auf die Außenbeziehung des Partners reichen vom sofortigen Beziehungsabbruch bis zur totalen Verweigerung, dies zur Kenntnis zu nehmen. Eine konstruktive Auseinandersetzung darüber zu führen, ist für die Betroffenen äußerst schwierig.

Vorrangiges Ziel wäre es daher, festzustellen, ob der „Seitensprung" ein einmaliger Ausrutscher oder eine Übermutshandlung war, ob ein persönliches Problem oder gar ein tiefergehendes Beziehungsproblem dazu führte.

Nach dem Auffinden der Gründe für die Untreue kann sich das Paar mit diesem Konflikt auseinandersetzen bzw. ein entsprechendes Coaching in Anspruch nehmen.

Aspekte des Sexuellen

Im Sexuellen findet man jeweils drei Aspekte: den narzisstischen Aspekt, den der Beziehung und den der Fortpflanzung, wobei wir Letzteren vernachlässigen wollen.

Der narzisstische Aspekt
Sexualität ist wichtig für das Selbstgefühl und die Selbstbestätigung, das Spüren der eigenen Lebendigkeit als einer natürlichen inneren Kraftquelle sowie der Freude am eigenen Körper und am Leben.
Im sexuellen Akt wird das innere Gleichgewicht stabilisiert und es werden Gefühle von Nähe, Wärme und Geborgenheit erlebt. Spannungen und Aggressionen werden abgebaut, Versöhnung mit dem Partner, Aussöhnung und Auseinandersetzung mit den bisher gemachten sexuellen Erfahrungen finden statt. Die Bandbreite von Regression bis zur Ekstase lässt vielfältigste Erlebnisformen zu.

Der Beziehungsaspekt
Der Beziehungsaspekt der Sexualität ist der treibende Motor, um sich vom Elternhaus zu lösen, neue Beziehungen mit potentiellen Lebenspartnern einzugehen, Unterschiede zu überwinden und sich Fremdes buchstäblich durch Einverleibung vertraut zu machen.

Wenn man auch nicht von einem personalen Beziehungsaspekt sprechen kann, so kann man doch feststellen, dass das Sexuelle im Prinzip auf andere hin orientiert ist.
Es ist niemals nur ein rein mechanisches Abreagieren körperlicher Spannungen. Liebespaare können anhand der leiblichen Verschmelzung Fremdheit überwinden, es entsteht etwas „zwischen" ihnen und sie verspüren nach dem sexuellen Akt

weiterhin Wärme, Offenheit und Begehren. Es kommt sogar noch etwas hinzu in Form von Erotik und Glücksgefühlen.

Funktionaler Sex hingegen kann mit einem unwiderstehlichen Begehren des Partners vor dem Akt beginnen und mit Gleichgültigkeit enden; einem Gefühl von Einsamkeit und Getrenntsein oder der Unfähigkeit, den anderen danach noch länger zu ertragen, bis hin zu Hassgefühlen.

Wo Sex in einer Beziehung funktional und nicht als personaler Existenzbereich gelebt wird, kommt es zu Kränkungen, Sprachlosigkeit, Beziehungseinschränkung und -abbruch oder Fremdheit.

Der sexuelle Akt ist ein Balanceakt zwischen Selbsthingabe und Selbstbehauptung: eine gelungene Mischung aus aggressiven und zärtlichen Aspekten. Ohne Aggressivität ist Sex nicht vollziehbar, ohne Zärtlichkeit bleibt er unerfüllt.

In der Aggressivität äußert sich der entschiedene, zielgerichtete Wille zur unmittelbaren, aktiven Durchsetzung eigener Absichten auf kürzestem Wege. Die absichtslose Zärtlichkeit hingegen sucht ein erotisch-verspieltes Miteinander, ist einladend und sinnlich-verführerisch, ist nicht abgrenzend, sondern verschmelzend. Keine direkte Forderung, bestenfalls eine freundliche, indirekte Aufforderung.

Das Erotische in seiner verheißungsvollen Sanftheit hat die Macht, das Sexuelle zu zähmen und insgesamt in einen Dialog der Sinne zu integrieren.

Aggressivität und Sanftheit sind die Kehrseiten derselben Medaille; das eine ist ohne das andere unvollständig. Nur die wechselseitige Befruchtung erhält längerfristig die nötige Spannung in einer Beziehung aufrecht.

Damit ist nicht, wie lange tradiert, die klassische Rollenaufteilung zwischen Mann und Frau gemeint, welche dem Mann den rein aggressiv-gebenden und der Frau den rein passiv-empfangenden Teil zuordnete.

Gemeint ist vielmehr ein innerer Balanceakt, eine Integrationsleistung der Persönlichkeit, welche imstande ist, einerseits die eigenen triebhaften Anteile zu zähmen, und zugleich der erotischen Stimmung aktiv und zielgerichtet zur Umsetzung zu verhelfen.

Noch einmal in Kürze zusammengefasst:
Steht die aggressive Selbstbehauptung im Vordergrund, kann Sexualität rücksichtslos, gewalttätig oder einfach funktional werden. Auf der Seite rein erotischer Hingabe findet man das Gegenstück: Paare, die in einer Art Bruder-Schwester-Beziehung leben, die nach einiger Zeit spannungslos-zuständlich und damit langweilig wird.

Abschließend noch einige Gedanken und Anregungen zur bereits beschriebenen Schwierigkeit, eine befriedigende *Sexualität im Alltag* zu leben.

Wie wir bereits ausgeführt haben, entspricht es dem Wesen des Sexuellen, einen beziehungsstiftenden, aber nicht unbedingt beziehungserhaltenden Charakter zu haben.
Wie ist es also möglich, sexuelle Spannung auf Dauer aufrechtzuerhalten?

Der deutsche Philosoph Holger Schenk meint dazu:
„Sexualität wird erst lustvoll durch Gestaltung und Nuancierung. Notwendig und förderlich ist die Einbeziehung der Phantasie in die gelebte Sexualität, denn diese eröffnet die Möglichkeit, in die Bereiche des Unmöglichen vorzudringen.
Jedes sexuelle Erleben ist von Phantasiebildern begleitet.

Sexuelles Erleben ist umso mehr inszeniert, je differenzierter die Bilder sind, je bewusster sie wahrgenommen und erinnert werden, je unproblematischer sie besprochen werden können, ohne ihr Geheimnis zu zerstören." Paradoxerweise tritt somit genau dort die Tabuisierung des Sexuellen auf, wo Sexualität spontan geschieht, denn in diesem Falle besteht keine Notwendigkeit, darüber zu sprechen, während Sex als phantasievoll gestaltetes und inszeniertes Spiel es erlaubt und ermöglicht, sich einerseits mitzuteilen und andererseits Geheimnisse zu bewahren.

Erotisch-sexueller Dialog

Im Sinne der Prävention für eine beglückende erotisch-sexuelle Begegnung sollte unserem Erachten nach eine Annäherung in drei Phasen ablaufen:

1. **Erotisch-sexuelle Selbsterfahrung/Bergung authentischer Sexualität**
2. **Selbstannahme**
3. **Herstellen der Dialogfähigkeit auf sinnlich-sexuellem Gebiet**

In den ersten beiden Phasen geht es um die Wertschätzung der eigenen Leiblichkeit und um das Erkennen und Aussprechen von Wünschen und Bedürfnissen.

Man erträumt sich möglicherweise vom liebenden Partner etwas ganz Besonderes, denn der sollte ja erspüren und erahnen, was man braucht – und ist anschließend enttäuscht, weil es nicht das war, was man gebraucht hat. Vielen ist es unangenehm, wie sie von ihrem Partner berührt werden, sie können aber nur ausdrücken, was sie nicht wollen, und weisen damit die Versuche des anderen ab. Oder sie gestalten die Abweisung schweigend, indem sie den körperlichen Kontakt als ein notwendiges Übel ertragen.

Doch wie erfährt man etwas über sich selbst auf sexuell-erotischem Gebiet?

Folgende Fragen zur sexuellen Biografie können dabei behilflich sein:

- *Welche Rolle spielt und spielte Sexualität bisher für mich: allein und in Beziehungen?*
- *Ist Sex wichtig für mich und woran merke ich dies?*

- Welche Erfahrungen haben mein Sexualleben geprägt?
  - Welche bewusst und unbewusst von den Eltern in Wort und Tat gelebten, übernommenen Einstellungen gibt es zur eigenen Körperlichkeit?
  - Wurden diese jemals reflektiert und in Frage gestellt?
  - Wie groß ist mein Selbstvertrauen, meine Autonomie in sexuellen Dingen?
  - Kann ich etwas nur für mich tun, mein Eigenes durchsetzen?
  - Kann ich unbeschwert initiativ werden und mit auftretenden Schwierigkeiten umgehen?
  - Kann ich meine Wünsche meinem Partner/meiner Partnerin gegenüber entsprechend artikulieren?
  - Welche Erinnerungen gibt es an lustvolle Situationen?
  - Welche Phantasien und Träume gibt es, die immer wieder ungerufen in den Geist dringen und einen Bezug zur eigenen Sexualität herstellen?
  - Möchte ich diese Phantasien ausleben?
  - Was hindert mich daran, diese Phantasien auszuleben?

Lust ist nicht nur mit Liebe gekoppelt denkbar, denn es liegt in der Natur der Sexualität, dass sie den anderen sowohl *einschließen* als auch *ausschließen* kann – Fähigkeiten, die beide unabdingbar für ein erfülltes Sexualleben notwendig sind.

Wäre die Konzentration ausschließlich auf den anderen gerichtet, würde das diesen enorm belasten: Er würde sich trotz aller Zuwendung oder gerade deswegen bald unter Druck, beobachtet und manipuliert oder einfach egoistisch fühlen.

Im Folgenden wird versucht, eine positive gefühlsmäßige Verbindung zu den eigenen Wünschen und Vorlieben sowie zur eigenen Leiblichkeit herzustellen. Generell ist der Mut zur Selbsttreue, also das Einverständnis mit den auf die oben angeführten Selbsterfahrungsfragen gegebenen Antworten, die Grundvoraussetzung für Selbstannahme. Der Umgang mit Scham und das Überwinden von Selbstentwertungen sind ebenfalls Themen der Selbstannahme.

Jede Wertschätzung, so auch die der eigenen Leiblichkeit, muss in sich gegründet sein, um Vergleichen standzuhalten: Männer sind verunsichert, wenn sie mit sexuell erfahrenen Frauen zu tun haben, Frauen betrachten ihren Körper mit überkritischem Blick. Durch den guten Kontakt mit sich und das Gegründetsein im Sexuellen findet eine solide Verankerung mit der eigenen Basis, dem Instinktbereich, statt. Menschen, die sich ihrer selbst auch in diesem Bereich unbewusst sicher, in ihrem Körper zuhause sind, wirken geerdet, selbstsicher und ruhig.

Zusammengefasst geht es in diesen ersten beiden Phasen ausschließlich darum, den individuellen, ausgrenzenden Teilen in der Sexualität Raum zur Entfaltung zu geben.

Erst wenn das Eigene geborgen und angenommen wurde und in Folge artikuliert und vertreten werden kann, beginnt die Auseinandersetzung des Paares mit diesem Thema.

Inhaltlicher Schwerpunkt der **dritten Phase** ist die Herstellung oder Wiederherstellung von Dialogfähigkeit auf sinnlich-sexuellem Gebiet.

Was genau soll hergestellt werden, wenn von sinnlicher Kommunikation die Rede ist?

Sinnliche Kommunikation bedeutet Kommunikation mit allen Sinnen. In unserer Kultur gilt das Sehen als der „höchste" der fünf Sinne, weil er als der beziehungsloseste Sinn der Rationalität am nächsten steht, denn er ist weitgehend unabhängig von der Reaktion des Gesehenen und erfordert eine gewisse Distanz. Das Tasten gilt als der niedrigste Sinn, weil es auf Lust und Eros verweist. Sehen und Tasten schließen sich im Extremfall (wie im Voyeurismus) gegenseitig aus, denn wirkliches Betrachten setzt die Entfernung vom Betrachteten, also die Aufhebung der Berührung voraus. Berührung im erotischen Sinne bedeutet immer Begegnung mit einer anderen Haut, also die wechselseitige Erfahrung, zu berühren und berührt zu werden, Subjekt und Objekt eines erotischen Dialogs zu sein. Wir können sehen, ohne gesehen zu werden, doch Berührung ist immer gegenseitig: Niemand kann berühren, ohne berührt zu werden, Berührung ist immer Dialog. Berührung setzt die Bereitschaft voraus, sich einer Erfahrung von Ohnmacht und Abhängigkeit auszusetzen, wozu nur der Liebende fähig ist. Wo die Zuneigung fehlt, kann und will man sich naturgemäß diesen Erfahrungen der Hingabe nicht aussetzen, es entsteht ein subtiler oder offener Machtkampf zwischen den feindlichen Parteien, in dem oft genug Sex als Mittel zur Manipulation des anderen eingesetzt wird.

Sinnliche Kommunikation ist zärtlicher, vitaler, leibhaftiger Ausdruck von Zuneigung in Form von Blicken, Berührungen und Gesten. Nonverbal wird signalisiert, dass man die Nähe des anderen wünscht, sich ihm verbunden fühlt, einverstanden ist, glücklich ist, mitfühlt und vieles andere mehr.

Berührung kann heilen, trösten, beruhigen. Berührung kann aufwühlen, erregen und Blockaden lösen. Immer aber steht Berührung in unmittelbarem Zusammenhang mit Gefühlen. Paare, die ständig miteinander streiten oder sich nicht mehr leiden können, vermeiden Augenkontakt und sonstige Berührungspunkte.

Im destruktiven Streit werden echte Gefühle und damit Nähe abgewehrt, in der Berührung hingegen findet eine Rückbindung an spontane, ursprüngliche Emotionalität statt. Was dann ausgedrückt wird, sind keine Vorwürfe mehr, sondern die eigene Betroffenheit. Und diese erreicht den anderen wieder.

Das Erlebnis, sich und den anderen noch spüren zu können, von ihm ernst genommen zu werden, sich wieder verstanden zu fühlen – und sei es auch nur für einen kurzen Augenblick –, wirkt wie ein Wunder und kann die Hoffnung auf eine Veränderung zum Besseren wieder aufleuchten lassen und damit die Bereitschaft verstärken, sich auf sinnliche Erfahrungen mit dem anderen einzulassen.

Es geht um die Sinnlichkeit an sich, als Ausdruck leibhaftigen Bezogenseins auf die Welt, als wesentlicher Bestandteil von Liebe und einer befriedigenden sexuellen Beziehung.

Das Paar soll lernen, Gefühle und Stimmungen verbal wie auch nonverbal auszudrücken, sich dem anderen mitzuteilen und zuzumuten, um aus der Welt der Vermutungen und der stummen Verrichtungen eine gemeinsame sinnliche Wertewelt zu schaffen. Aus dem erotischen Umgang miteinander ergibt sich, was immer sich ergeben soll.

Unglücklicherweise hören Paare auf, zärtlich miteinander umzugehen, wenn sexuelle Schwierigkeiten auftauchen, zudem herrscht eine bemerkenswerte Einfallslosigkeit, wenn genitaler Sex nicht ordnungsgemäß funktioniert.

Die sofortige Irritation beider Partner zeigt auf, welch sensibler Zusammenhang zwischen dem Sexuellen und dem Selbstwert besteht: Der eine fühlt sich als Versager, der andere als unattraktiv oder unzulänglich. Und es verdeutlicht, wie eingeengt Sexualität definiert ist und wie lustfeindlich diese selbst auferlegte Einschränkung ist.

Nachdem Paare sich dem je Eigenen angenähert haben, es gelernt haben, dazu zu stehen und sich dem anderen klar und eindeutig zuzumuten, geht es nun noch um die für eine Begegnung notwendige Gestaltung der zeitlichen und räumlichen Rahmenbedingungen.

Eine Ausgewogenheit der Bedürfnisse nach Nähe und Distanz in der Beziehung muss erarbeitet werden, denn: Zu viel Nähe und Vertrautheit führt zu Spannungsverlust, zu viel Distanz zu unüberbrückbarer Fremdheit und Feindseligkeit. Und schließlich muss jeder Einzelne den Balanceakt zwischen Arbeitsleben und Freizeit sowie den Konflikt zwischen Elternrolle und Paaridentität bewältigen.

Die Sinne sollen geschärft werden: durch das behutsame Herantasten an Eigenes, das Kennenlernen von Neuem an sich selbst und am anderen, das Sehen mit anderen Augen, das aufmerksame Zuhören, das Begreifen von Zusammenhängen, das Mitteilen von Wesentlichem, das Teilen von Gefühlen.

Ob es letztendlich gelingt, dem anderen sein Herz zu öffnen und sein Wesen zu offenbaren; ob es gelingt, Sexualität in jener Absichtslosigkeit geschehen zu lassen, in der jeder sich seine eigene Lust zum Geschenk macht und damit auch den anderen beschenkt; das alles ist keine Frage des guten Willens, einer guten Technik oder einer guten therapeutischen Intervention, sondern eine Frage der Liebesfähigkeit und der Beziehungsqualität.

Beziehungscoaching/Paartherapie

Bevor wir auf die Existenzanalytische Paartherapie zu sprechen kommen, möchten wir anhand eines Schaubildes zeigen, wann Präventives Beziehungscoaching, Allgemeine Paarberatung und Paartherapie angeraten sind. Grundsätzlich unterscheiden sich Beziehungscoaching und Paartherapie durch den Grad der Eskalation und den Grad des Liebesverlusts.

BEZIEHUNGSCOACHING		PAARTHERAPIE
Präventiv	Allgemein (Paarberatung)	
Anlass		
Partnerwahl	allgemeine Probleme	psychosomatische Beschwerden
Übergang		
Verliebtheit/Liebe	Kommunikationseinschränkung in einem Bereich	Kommunikationseinschränkung in mehreren Bereichen
Lebensveränderungen		
Konflikt		
noch nicht eingetreten	geringer Eskalationsgrad	hoher Eskalationsgrad
Ziel		
Liebesverlust soll vermieden werden	Liebesverlust soll vermieden werden	Liebesverlust droht/ist bereits eingetreten
Wege zum Ziel		
Aufzeigen möglicher Konsequenzen	Hilfe zur Selbsthilfe	therapeutisches Vorgehen
Schulung der Wahrnehmung		
Anregung zur Selbstreflexion		
Beratungsdauer		
kurz	kurz	längerer Prozess

Selbstverständlich ist Beziehungscoaching nicht nur präventiv, sondern in Form von Paarberatung bei allen aktuellen Beziehungsproblemen anwendbar, doch insbesondere wenn:

- ein Problem aufgetreten ist, welches vom Paar nicht mehr allein gelöst werden kann, bzw. die Lösung des Problems nur mit hohem zeitlichen und emotionalen Aufwand möglich ist,
- ein als unangenehm empfundener Stillstand vom Paar festgestellt wird,
- eine Kommunikationseinschränkung in einem Bereich des Paargeschehens stattgefunden hat und als solche erlebt wird,
- Trennung als Ziel angestrebt wird (im Rahmen der Paartherapie).

„Wir können nicht mehr miteinander kommunizieren!", beschreiben Paare häufig ihre aktuelle Situation, und: „Wenn wir wieder mehr miteinander reden, wird das Problem verschwinden."

Abgesehen davon, dass manchen Paaren zu raten wäre, weniger fruchtlose Gespräche zu führen, liegt das Problem meist nicht auf der oberflächlichen Ebene, da Kommunikation nur ein Ausdruck dieser zugrunde liegenden Einstellungen ist. Wie sollte es auch gelingen, wohlwollend und offen mit jemandem zu sprechen, den man nicht mehr mag?

Hier liegen die Grenzen der Paartherapie: Liebe als emotionales Naturereignis ist nicht beeinflussbar.

Dazu kommt, dass nur zehn Prozent der Paare, die sich trennen, eine Therapie aufsuchen, und davon wiederum nur ein Drittel die Therapie erfolgreich abschließt. Es gibt enorm hohe Abbruchraten.

In Kenntnis dieser bescheidenen Erfolge raten wir Paaren zu gezielten vorbeugenden Maßnahmen, da sich Bemühungen in guten Zeiten der Partnerschaft als langfristig wirkungsvoll herausgestellt haben.

Wann ist professionelle Hilfe notwendig?

Als weitere Orientierungshilfe, welche Maßnahme zu welchem Zeitpunkt bei welchen Symptomen angezeigt ist, wollen wir die Dynamik eines fortschreitenden Konflikts beschreiben. Denn der Grad dieses Eskalationsprozesses ist ein wesentlicher Indikator bei der Grenzziehung zwischen Selbstcoaching und der Notwendigkeit professioneller Hilfe.

Das Auftreten von zwischenmenschlichen Konflikten auch in Paarbeziehungen lässt sich nicht verhindern. Sehr wohl verhindert werden sollten jedoch sich ständig wiederholende sinnlose Diskussionen, welche dauerhaft ohne Lösungen bleiben. Ausgehend von Missverständnissen und verhärteten Standpunkten, führt der Weg der Eskalation unaufhaltsam in Bereiche, die sich der menschlichen Steuerung und Beherrschung entziehen. Folgende Maßnahmen sind hier möglich:

1. Phase: Selbstcoaching
Im ersten Eskalationsstadium eines Streits besteht die Möglichkeit, auftretende Konflikte gemeinsam zu lösen. Noch kann es gelingen, durch Wohlwollen, Zuneigung und Vertrauen eine für beide befriedigende Lösung zu finden.

Die gelungene Konfliktbewältigung führt zu einer Stabilisierung der Paarbeziehung, Selbstvertrauen sowie Vertrauen in die Beziehung und in den Partner werden gestärkt, womit eine Vertiefung der Beziehung einhergehen kann.

2. Phase: Beziehungscoaching/Paartherapie
Wenn sich sinnlose Konfliktgespräche häufen und folgende Verhaltensweisen, Haltungen und Eigenschaften auftreten, wird ein Beziehungscoaching oder eine Paartherapie dringend empfohlen.

- Feindselige Haltungen werden sichtbar.
- Das Denken bewegt sich im Entweder-oder-Schema.
- Die Gespräche sind emotionalisiert, Sachfragen treten in den Hintergrund.
- Bündnispartner werden gesucht und in den Konflikt hineingezogen.
- Ein Vertrauensbruch ist eingetreten.
- Die Partner erwarten voneinander nur Negatives.
- Jeder hat nur Interesse für sich selbst.
- Unterschiedliche Wertauffassungen prallen aufeinander.

- Durch Drohgebärden entstehen Misstrauen und Furcht.
- Die Partner fühlen sich in die Enge getrieben.
- Klares Denken ist unmöglich.

Schrittweise gehen Offenheit, Selbstbestimmtheit, Dialog und Kreativität verloren und im Zuge dieses krisenhaften Geschehens kommt es immer auch zu einer Identitätskrise: Das eigene Denken, Fühlen, Wollen, das Sicherheit und Halt gegeben hat, wird als begrenzt erlebt, ebenso lässt der Wille zur Aufrechterhaltung der Beziehung nach. Paartherapie empfiehlt sich dringend, wenn das Selbstverständnis des Paarseins erschüttert ist und das Weiterführen der Beziehung in Frage gestellt wird bzw. wenn das Paar die auftretenden Konflikte nicht mehr allein zu bewältigen imstande ist.

3. Phase: Juristische Hilfestellung
Gelingt es dem Paar nicht, in dieser mittleren Eskalationsphase die destruktive Dynamik mit Hilfe des Beziehungscoachings, einer Paartherapie oder einer Mediation zu unterbrechen, läuft es Gefahr, dass sich der Konflikt bis zu Zerstörungsabsicht und Gewalt weiterentwickelt. Eine konstruktive Trennung ist

unmöglich – und vor allem im Falle der Ehe geht der Weg nur noch über juristische Hilfestellung.

Existenzanalytische Paartherapie

Grundsätze

Bevor wir unser 9-Stufen-Modell näher beschreiben, möchten wir einige Grundsätze der Existenzanalytischen Paartherapie erläutern:

1. Entscheidend in der Therapie ist der Blick auf Gegenwart und Zukunft des Paares.

2. Die Paartherapie orientiert sich ausschließlich an den Möglichkeiten (Sinnmöglichkeiten) des Paares und an den Möglichkeiten, die der Einzelne innerhalb der Paarbeziehung hat.

3. Beide Partner sind gleichermaßen für das Gelingen des Dialoges verantwortlich.

4. Den Ressourcen und nicht den Störungen des Paares wird Aufmerksamkeit gewidmet.

5. Jede angestrebte Veränderung muss auf einer individuell begründeten Entscheidung basieren.

6. Die therapeutische Arbeit ist lösungsorientiert im zweifachen Sinne: im Hinblick auf Vergangenheit als Loslösung von deterministischen Erklärungen, Kausalitäten und Schuldzuweisungen; im Hinblick auf Zukunft als das Auffinden kreativer Gestaltungsmöglichkeiten, um mehr Freiheit innerhalb der Beziehung zu erlangen.

Ziele der Paare

Aufgrund unserer Erfahrungen wollen folgende grundsätzliche Bedürfnisse des Menschen erfüllt werden, damit das Beziehungsleben als befriedigend, bereichernd und im besten Falle als beglückend empfunden wird:

Das Bedürfnis nach
- Begegnung,
- dem rechten Maß an Bindung und Autonomie,
- Selbstwertbestätigung und Selbstwerterhöhung,
- seelischem und körperlichem Wohlbefinden.

Methodik: das 9-Stufen-Modell

In der von uns entwickelten Existenzanalytischen Paartherapie gehen wir von einem 9-Stufen-Modell aus, wobei je nach Problemstellung verschiedene Stufen intensiver behandelt werden als andere.

> *Die gesamte therapeutische Vorgehensweise des 9-Stufen-Modells kann von Paaren auch im Selbstcoaching angewendet werden.*

Das Modell sieht folgenden Ablauf vor:

1. **Aktuelle Problemstellung (Erstgespräch)**
2. **Zielklärung**
3. **A. Standortbestimmung des Paares**
   B. Persönliche Situation des Einzelnen in der Beziehung
4. **Herstellen der Dialogfähigkeit durch Stellungnahme**
5. **Wertearbeit**
6. **Biografie der Beziehung**
7. **Schicksal**
8. **Perspektiven/Sehnsüchte**
9. **Therapieabschluss**

1. Aktuelle Problemstellung

Im Erstgespräch geht es primär um die Klärung des Sachverhaltes und um Informationsgewinnung. Die Problemfelder im Paargeschehen werden erkundet und die Geschehnisse strukturiert.

Weiterhin soll die Qualität der Kommunikation (zuhörend, abweisend, entwertend, aggressiv, verständnisvoll etc.) sowie die Lösungskompetenz des Paares festgestellt werden:
Welche Lösungsversuche gab es bisher?

Welche Konfliktstrategien wurden und werden angewendet?
Auf welcher Eskalationsstufe befindet sich das Paar?

Folgende Fragen sind zu klären:

- *Worum geht es jedem Einzelnen?*
- *Worum geht es dem Paar?*
- *Was sind die Erwartungen an die Paartherapie und die Paartherapeuten?*
- *Ergeben sich die Schwierigkeiten aus der Paardynamik oder resultieren sie aus persönlichen Schwierigkeiten eines der Beteiligten?*

Der Abschluss des Erstgesprächs sollte in der Formulierung einer genauen Zieldefinition bestehen.

2. Zielklärung
Wir vertreten in dieser Hinsicht gleichermaßen einen lösungsorientierten, einen kurzzeittherapeutischen und einen phänomenologischen Ansatz, indem wir uns ausschließlich auf die Zieldefinition des Paares konzentrieren.

Der gemeinsamen Zieldefinition ist ein wichtiger Platz einzuräumen, um sicherzustellen, dass therapeutisch in die richtige Richtung gearbeitet wird.

Sind die Ziele ungenau, bleibt auch der Erfolg diffus, sind die Ziele der Partner widersprüchlich, ist kein gemeinsames Arbeiten möglich. Aufgrund unserer Erfahrung wissen wir aber, dass eine endgültige Zielklärung oft nicht möglich ist, wenn Paare zu tief im Konflikt verstrickt sind. In diesen Fällen ist es ratsam, realisierbare Teilziele zu formulieren, die zu einem späteren Zeitpunkt in ein umfassenderes Ziel umgewandelt werden können.

Allerdings ist es möglich, während der gesamten Therapie Modifikationen des vereinbarten Zieles vorzunehmen. Es könnte beispielsweise ein Paar, welches sich zum Ziel gesetzt hatte, die Beziehung zu verbessern, im Laufe der Therapie zum Schluss kommen, dass eine Trennung die bessere Lösung ist, oder im umgekehrten Falle könnte ein Paar beschließen, doch zusammenzubleiben.

Die Therapie beginnt erst nach der Einigung auf ein konkretes, naheliegendes und positiv formuliertes Ziel. Das kann einige Zeit in Anspruch nehmen, da die meisten Klienten ihr Problem anstelle des Ziels definieren und damit ihr Ziel negativ beschreiben („Wir wollen das Problem loswerden!"). Indem das Paar möglichst genau die positiven Erfolgskriterien definiert, kann es deutlicher erkennen, wann und wodurch es diesem Ziel nähergekommen ist.

Durch ein gemeinsames Ziel verringern sich die Ängste und Aggressionen, da nicht mehr aufgespalten wird in „dein Problem" und „mein Problem". Außerdem setzt die Absicht, gemeinsam an einer Lösung zu arbeiten, mehr kreative Energie frei.

3. A. Standortbestimmung des Paares

Die Standortbestimmung ergänzt die bisherige Informationsgewinnung und öffnet den Blick auf die Gesamtsituation des Paares. Es zeigt sich, welche Bereiche besonders negativ betroffen sind, aber auch, welche Bereiche gut und intakt geblieben sind.

Fragen der Standortbestimmung helfen dem Paar, eine Bilanz seiner Beziehung zu erstellen, und geben Aufschluss über die Qualität der Beziehung:

- *Wo stehen wir als Paar?*
- *Was gefällt uns an unserer Beziehung?*
- *Haben sich unsere Wünsche und Erwartungen erfüllt?*

- *Würden wir heute einander noch einmal wählen?*
- *Leben wir unser eigentliches Leben?*
- *Wie sieht unser Alltag aus?*
- *Welche Bereicherungen/welche Störfelder gibt es?*
- *Wie gehen wir mit Konflikten um? (Tabuthemen, Konfliktstile)*
- *Lösen wir auftretende Probleme?*
- *Besteht die Gefahr, dass wir uns weiter auseinanderentwickeln?*
- *In welcher Hinsicht fördern wir uns gegenseitig?*
- *Welche Möglichkeiten eröffnen wir uns gegenseitig?*
- *Was ist unsere gemeinsame Welt?*
- *Welche Bilder haben wir voneinander?*
- *Geben wir neuen Bildern eine Chance?*
- *Auf welchen Ebenen können wir gut/nicht gut miteinander kommunizieren?*
- *Können wir miteinander lachen? Worüber?*

3. B. Die persönliche Situation des Einzelnen in der Beziehung

Diese Standortbestimmung widmet sich dem Befinden des Einzelnen in der Beziehung, inwieweit er/sie sich wohl fühlt und in seinen/ihren Möglichkeiten durch den andern eingeschränkt oder unterstützt wird.

- *Spüre ich in mir ein Potential, das ich in dieser Beziehung nicht leben kann?*
- *Wo fühle ich mich abhängig, alleingelassen, ausgenützt?*
- *Wo fühle ich mich gestärkt, unterstützt?*
- *Fehlt mir etwas, was mir mein Partner geben könnte?*

4. Herstellen der Dialogfähigkeit durch Stellungnahme

Die Existenzanalytische Paartherapie will durch personales

Anfragen und die Provokation zur Stellungnahme die Dialogfähigkeit des Paares anregen. Dies ist das Kernstück der Existenzanalytischen Paartherapie.

Neben der Stellungnahme zum Partner soll vor allem Stellung zu sich selbst bezogen werden. Die jeweiligen Stellungnahmen zu sich selbst in Gegenwart des anderen ermöglichen den Partnern das gegenseitige Kennenlernen und Verstehen ihrer Beweggründe. Dadurch entsteht eine existentielle Auseinandersetzung, die frei ist von Schuldzuweisungen.

- *Was könnte ich an meinem Verhalten konkret ändern, um die Partnerschaft zu verbessern?*
- *Würde ich mit mir verheiratet sein wollen?*
- *Was würde mich stören?*
- *Was würde mir gefallen?*
- *Kann ich verstehen, warum sich mein Partner/meine Partnerin so verhält?*
- *Woran merke ich meine Liebe?*

5. Wertearbeit

Nachdem eine gewisse Dialogfähigkeit hergestellt ist, findet eine Vertiefung der Therapie statt, indem das Paar mit verschiedenen Werten in Beziehung tritt.

Es werden einerseits verschüttete Werte geborgen, andererseits wird die Entstehung einer gemeinsamen Wertewelt gefördert.

- *Liebe ich meinen Partner/meine Partnerin und was liebe ich an ihm/ihr?*
- *Woran merke ich seine/ihre Liebe?*
- *Worauf bin ich stolz bei meinem Partner/meiner Partnerin?*

- *Was ist das Besondere an unserer Beziehung?*
- *In welcher Hinsicht kann ich mich auf den anderen verlassen?*
- *Was würde bleiben, wenn mein Partner/meine Partnerin nicht mehr wäre?*
- *Was ist das Unverwechselbare an ihm/ihr?*

6. Biografie

Zur Unterstützung der Wertearbeit ist es hilfreich, die Geschichte und den gemeinsamen Weg des Paares zu berücksichtigen.

Biografische Fragen geben Aufschluss über das Fundament der Beziehung, denn sie aktivieren die Erinnerung, warum man gerade diesen Partner/diese Partnerin gewählt hat. Dabei wird Kontakt mit den ursprünglichen Werten aufgenommen.

- *Was hat mich damals an meinem Partner/meiner Partnerin angezogen?*
- *Habe ich mich damals für meinen Partner/meine Partnerin entschieden?*
- *Wie hat unsere Beziehung begonnen?*
- *Was war unsere gemeinsame Vision?*
- *Was war unsere gemeinsame Welt und wie hat sie sich entwickelt?*

7. Schicksal

Wenn die Konfliktursache nicht veränderbar ist, bekommen Fragen nach dem Schicksalhaften besondere Dringlichkeit; sie sollen mehr Realität in die Beziehung bringen und dem „Opfergefühl" entgegenwirken.

Dem Schicksalhaften der Beziehung kann nur mit Akzeptanz oder mit einer Änderung von Einstellungswerten begegnet werden.

Diese Fragen sind dann von Bedeutung, wenn Unabänderliches am Partner kritisiert wird, beispielsweise körperliche Attribute, Behinderung, Abstammung, Temperament, Intelligenz oder auch familiäre Verpflichtungen, was faktische Schranken setzt:

- *Mit welchen Gegebenheiten muss ich leben?*
- *Wusste ich von diesen schon bei Beginn der Beziehung?*
- *Was hat sich verändert, dass ich jetzt nicht mehr damit leben kann?*
- *Was daran ist die Schwierigkeit für mich?*

8. Perspektiven/Sehnsüchte

Gegen Ende einer Therapie wird der gemeinsamen zukünftigen Wertewelt des Paares Platz eingeräumt.

Die Teilhabe an den ungelebten Sehnsüchten und zukünftigen Zielen des Partners lässt Spannung entstehen; Neues am Partner kann entdeckt werden.

Individuelle wie auch gemeinsame Perspektiven werden erarbeitet, wodurch ein fruchtbarer, interessanter Dialog über die Zukunft hergestellt wird:

- *Was kann ich noch entdecken beim anderen?*
- *Gibt es noch gemeinsame Aufgaben, denen wir uns widmen wollen?*
- *Gibt es Aufgaben des Partners/der Partnerin, die mich interessieren?*
- *Weiß ich, ob mein Partner/meine Partnerin mich bei meinen zukünftigen Aufgaben fördern oder einschränken wird?*
- *Gibt es gemeinsame Sehnsüchte, die wir noch verwirklichen wollen?*
- *Welche Sehnsüchte sind leicht realisierbar?*
- *Was bewirken die Sehnsüchte des anderen bei mir?*

9. Therapieabschluss
Grundsätzlich ist das Ende der Therapie eine gemeinsame Entscheidung des Paares und der Therapeuten.

Von therapeutischer Seite ist ein Therapieabschluss dann gerechtfertigt, wenn das Paar nachhaltig in der Lage ist, auftretende Konflikte im Sinne beider zu lösen und wenn keine einschneidende Kommunikationseinschränkung mehr vorliegt.

Das Abschlussgespräch kann sich über mehrere Stunden erstrecken, wobei Veränderungen nochmals nachvollzogen werden und das Paar überprüft, inwieweit diese bewusst erlebten Veränderungen sich als stabil erweisen.

Wir sind in diesem Modell vom Ziel einer Verbesserung der Beziehung ausgegangen; natürlich ist es auch möglich, dass sich ein Paar zur Trennung entschließt und mit Hilfe der Therapeuten eine gute Trennung anstrebt.

In diesem Falle verläuft die Paartherapie anders, hierzu verweisen wir auf das Kapitel „Trennungsfähigkeit".

Fallgeschichte: Ehepaar M.

Im Folgenden soll unser existenzanalytisches Vorgehen anhand eines Therapieverlaufs über einen Zeitraum von acht Monaten überblicksartig illustriert werden.

Ausgangsposition:
Frau M. ersucht telefonisch um ein beratendes Gespräch, da sie sich in ihrer derzeitigen unerträglichen Situation an ihrer äußersten Belastungsgrenze befinde. Als Hauptgrund ihrer Überforderung nennt sie ihren Gatten.

Im Zuge des Gespräches wird Paartherapie angeregt, ein Vorschlag, den Frau M. gut findet und ihrem Gatten unterbreiten will.

Einige Tage später meldet sie sich erneut, um einen Termin für die Paartherapie zu vereinbaren.

1. Aktuelle Problemstellung

Beim ersten gemeinsamen Gespräch gibt Frau M. an, von ihrem Mann in familiären Belangen kaum unterstützt zu werden, dass er kaum Zeit für sie habe und auch dass keine nennenswerte sexuelle Beziehung mehr bestehe. Herr M. gibt an, dass seine Frau nur noch aggressiv und unfreundlich sei und ihm ebenfalls zu wenig Zeit widme.

Übereinstimmend wird festgestellt, dass dieser Zustand schon eineinhalb Jahre andauere und es nur noch ein Nebeneinanderherleben sei. Sie hätten in der letzten Zeit überhaupt keine Gemeinsamkeiten mehr gehabt.

Frau M. bemerkt dazu, dass sich ihr Mann verändern müsse, sie selbst sei sich keiner Schuld bewusst.

Frau M. ist 34 Jahre alt, von Beruf medizintechnische Assistentin und befindet sich derzeit in Karenz.

Herr M. ist 39 Jahre alt, leitender Angestellter einer Handelsfirma. Sie lernten einander vor zehn Jahren kennen, heirateten vor sieben Jahren, haben zwei gemeinsame Kinder im Alter von sechs und drei Jahren.

Es zeigt sich sehr rasch, dass der Kommunikationsstil des Paares hochgradig aggressiv ist, es große Probleme mit dem gegenseitigen Zuhören hat und alle bisherigen Lösungsversuche erfolglos geblieben sind.

Der Konfliktstil zeichnet sich einerseits durch kompromissloses Durchsetzen der eigenen Interessen, andererseits durch Verweigerung und Flucht aus.

Das Paar ist in seinem Konflikt so weit gefangen, dass fast nur noch gegenseitige Schuldzuweisungen stattfinden. Beiden Partnern geht es um Anerkennung und Entlastung durch den anderen, es ist aber auch offenkundig, dass persönliche Probleme eine große Rolle spielten.

Herr M. hat zurzeit enorme Schwierigkeiten in seinem beruflichen Alltag, die alle seine Kräfte in Anspruch nehmen, wodurch sich Frau M. vernachlässigt, mit der Kindererziehung alleingelassen und zurückgestoßen fühlt.

2. Zielklärung

Frau M., die auch mit Trennung gedroht hatte, konnte sich nach einigen Therapiestunden mit ihrem Mann darauf einigen, dass eine Verbesserung der Beziehung und nicht die Trennung das Ziel der Therapie sein soll.

Als Nahziel wurde vereinbart, dass die dauernden zermürbenden Streitigkeiten ein Ende finden und mehr Ruhe in die Beziehung kommen soll.

Der gemeinsame Wunsch nach dem Fortbestand der Ehe und die Ratlosigkeit hinsichtlich der Umsetzung bildeten die Grundlage der paartherapeutischen Arbeit.

3. Standortbestimmung

In dieser Phase wurde von uns nochmals überprüft, ob wirklich beide an einer Verbesserung der Beziehung interessiert waren und ob die Schwierigkeiten tatsächlich aus der Paardynamik und nicht aus persönlichen Schwierigkeiten eines der Beteiligten resultierten.

Übereinstimmungen konnten hinsichtlich ihrer Entscheidung zur Elternschaft gefunden werden: Beide lieben ihre Kinder sehr. In vielen anderen Bereichen (Sexualität, Zukunftsperspektive, Interessen) gab es wenig Anknüpfungspunkte.

4. Herstellen der Dialogfähigkeit/Stellungnahme

In diesem Therapieabschnitt wurde versucht, ergänzend da und dort hilfreich einzugreifen, wo der Dialog unterbrochen wurde oder in Streiterei ausartete.

Das Paar wurde ermuntert, Bedürfnisse und Wünsche in eindeutigen „Ich-Botschaften" auszudrücken.

Frau M. (aufgebracht und aggressiv): *„Du interessierst dich sowieso nicht für mich und die Familie! Wenn du heimkommst, setzt du dich entweder vor den Fernseher oder schläfst hinter der Zeitung ein!"*

(Hierbei handelt es sich um „Du-Botschaften", die Aussagen über den anderen machen: Du bist ein schlechter Ehemann und Vater etc.).

Herr M. schweigt.

Th.: *„Was möchten Sie Ihrem Mann damit sagen?"*

Frau M. versucht andere Ansätze, kann aber nicht genau sagen, worum es ihr geht. Es gelingt aber, den Redeschwall einzudämmen. Sie versucht eine andere Formulierung zu finden und sagt etwas ruhiger zu ihrem Mann: *„Es stört mich, dass du dich vor den Fernseher setzt, wenn du nach Hause kommst!"*

Herr M. schweigt.

Th. (fragt stellvertretend für Herrn M.): *„Was stört dich so daran?"*

Jetzt antwortet Frau M. ruhig: *„Mich störts, weil ich gerne mit dir reden will."*

Th.: *„Worüber möchtest du gerne reden?"*

Frau M.: *„Ich bin den ganzen Tag zuhause allein mit den Kindern, würde dir gerne erzählen, was war, möchte wissen, was du erlebt hast."*

(Dies sind „Ich-Botschaften", die Aussagen über die eigene Person machen: Ich habe Interesse an dir etc.)

Herr M. schaltet sich ein: *„Ich bin müde und gestresst, wenn ich am Abend heimkomme. Mich stört es, dass du gleich anfängst zu streiten. Ich möchte mir ja nur ‚Zeit im Bild' anschauen."*

Des Weiteren gelang es, durch die Stellungnahme zu sich selbst ein Verständnis für die Beweggründe des anderen herzustellen. Auf diese Weise konnten die gegenseitigen Schuldzuweisungen vermindert werden.

Frau M. erkannte, dass nicht einzig und allein ihr Mann für Anerkennung zu sorgen hat und wie sehr ihre Nörgeleien Grund für seinen Rückzug waren.

Herr M. nahm sich vor, seine beruflichen Probleme gezielt zu lösen, und beschloss, sich zukünftig mehr Zeit für seine Frau und die Kinder zu nehmen.

Frau M. litt sehr unter der Unzuverlässigkeit ihres Mannes, vor allem an seiner mangelnden Disziplin bei der Einhaltung von Terminen. In dieser Phase wurde deshalb von uns auch darauf geachtet, dass Vereinbarungen von beiden Seiten verbindlich eingehalten werden sollten, um neue Enttäuschungen und Rückfälle zu verhindern.

Mit Herrn M. wurde eingehend daran gearbeitet, dass er nur versprechen sollte, was er auch würde halten können.

Um den Aggressionen seiner Frau zu entgehen, neigte er dazu, vorschnell „Ja, ja" zu sagen, um kurzfristig seine Ruhe zu haben.

Dieses Verhalten hatte er sich schon früh seiner aggressiven Mutter gegenüber zugelegt, es war also in seiner persönlichen Biografie begründet. Jetzt wirkte es wie ein Bumerang, der ihn jedes Mal traf und die Beziehung ständig verschlechterte.

Durch die Erfahrung, ohne negative Konsequenzen auch „Nein" zu seiner Frau sagen zu können, konnte sich die Lage insgesamt sehr entspannen.

5. Wertearbeit

Das Ehepaar hatte große Schwierigkeiten, zu einem gemeinsamen Paarverständnis zu finden. Sie definierten sich eher über Rollenfunktionen als über die Liebe: Das Familienbewusstsein war stark ausgeprägt, das Paarbewusstsein verkümmerte.

Frau M. war stolz auf ihren Gatten, wo er sich als Unternehmer und Familienvater bewährte. Umgekehrt schätzte Herr M. seine Gattin hinsichtlich ihrer hausfraulichen und mütterlichen Qualitäten.

6. Biografie der Beziehung

Da die Wertearbeit sich nicht als sehr fruchtbar erwies, versuchten wir, in der Biografie zu heben, was Herrn und Frau M. zu Beginn als Paar zusammengeführt hatte.

Der Exkurs in die Anfänge der Beziehung diente der Vergegenwärtigung von Gefühlen zur Unterstützung der Wertearbeit.

Auf die Frage, warum sie ein Paar geworden seien, gab Herr M. an, dass er die Verlässlichkeit seiner Frau schätze, dass sie sehr auf ihn eingegangen sei, dass er den Wunsch nach Familie verspürt habe und er sie sich gut als Mutter seiner Kinder habe vorstellen können. Frau M. hatte ihren Mann als sehr selbstwertsteigernd erlebt, auch er sei intensiv auf sie eingegangen, sie hätten gut miteinander reden können und viel miteinander unternommen.

An das Auflebenlassen und Aktualisieren dessen, was einmal schön und verbindend gewesen war, konnte das Paar anknüpfen: Es wurden gemeinsame Abende und der Besuch von Veranstaltungen geplant sowie gemeinsame Gespräche gesucht.

7. Schicksal
Dieser Punkt nahm insofern viel Raum ein, weil das Paar ein krankes Kind zu pflegen hatte, was zum Teil mit den Karrierewünschen von Frau M. kollidierte.

Frau M. war mit ihrer häuslich-pflegerischen Rolle zwar grundsätzlich einverstanden, doch war sie damit oftmals überfordert. Ebenso hatte Herr M. eine schwierige Phase im Unternehmen durchzustehen.

Dem Vorschlag, dass ihr Gatte beruflich zurückstecke, konnte Frau M. nichts abgewinnen, da sie den bisherigen Lebensstandard und die gesellschaftliche Position nicht verändern wollte. Durch das Bewusstmachen, dass zur Aufrechterhaltung dieses sozialen Rahmens ein großer persönlicher Einsatz nötig sei und dass damit auch Überforderungssymptome verbunden sind, konnte eine deeskalierende Wirkung erzielt werden.

8. Perspektiven und Sehnsüchte
Als anzustrebendes Ziel wünschten sich beide ein halbwegs befriedigendes Sexualleben sowie gemeinsame Abende und Theaterbesuche.

9. Therapieabschluss
Nach einigen Monaten entstand wieder eine Gesprächsbasis zwischen Herrn und Frau M., die langsam auch außerhalb der Therapie tragfähig wurde.

Die gegenseitige Einstellung wurde wohlwollender, der andere wurde in seinen Wünschen und Bedürfnissen wahrgenommen. Vereinbartes wurde grundsätzlich eingehalten und das Alltagsmanagement konnte verbessert werden.

Durch einige Coachingsequenzen im Rahmen der Therapie konnte erreicht werden, dass Herr M. seine beruflichen Probleme besser in den Griff bekam. Auf diese Weise fand er mehr Zeit, um seine Gattin zu unterstützen, was wiederum mehr Zeit für Gemeinsamkeiten ergab. Die sexuelle Beziehung stellte sich wieder ein und führte zu einer Stabilisierung der Beziehung.

Als Defizit erwies sich noch immer, dass hinsichtlich der Zukunftsperspektiven keine konkreten Ansätze vorlagen. Dennoch wurde in beidseitiger Abstimmung die Paartherapie beendet, wobei vereinbart wurde, in größeren Abständen Reflexionsgespräche abzuhalten. Zusätzlich würden wir selbstverständlich in besonderen Belastungssituationen wieder zur Verfügung stehen.

Spezifika der Paartherapie

Setting

Paartherapie mit Einzelpersonen

In der Regel erfolgt die Therapiesitzung bei der klassischen Paartherapie mit einem Paar, es gibt aber auch Fälle und Situationen, wo vorübergehend oder abwechselnd die Arbeit mit den einzelnen Partnern von Vorteil ist. Dies empfiehlt sich vor allem als „Kränkungsschutz", wenn man das Gefühl hat, die Partner wollen sich gegenseitig erniedrigen und verletzen und sind nicht in der Lage, gegenseitige Anschuldigungen zurückzustellen.

Eine ganz andere Form der Paartherapie/des Beziehungscoachings ist dann gegeben, wenn sich vorerst nur eine Person für die Paartherapie entscheidet: Dann ist vom Therapeuten unbedingt zu erwarten, dass er keine Vorurteile über den nicht anwesenden Partner hegt. Dies erscheint uns als besonders zu betonende Tatsache, da nicht automatisch der behandlungsunwillige Partner der Schuldige an den Beziehungsproblemen ist! Die Haltung dem abwesenden Partner gegenüber sollte somit ebenfalls von Verständnis und Akzeptanz getragen sein. Es darf nicht vergessen werden, dass wir immer nur eine Seite der „Wahrheit" zu hören bekommen und dass wir darauf achten müssen, eventuelle Polarisierungen nicht durch unsere unbegründeten Annahmen zu verstärken. Der abwesende Partner kann außerdem zu einem späteren Zeitpunkt leichter einbezogen werden, wenn er keine Tendenzen hinsichtlich Parteilichkeit des Therapeuten zu befürchten hat.

Im Fall der (vorläufigen) Einzeltherapie sollte der Klient zu folgenden Fragen unbedingt Stellung beziehen:

- *Wollen Sie, dass Ihr Partner mitkommt?*
- *Warum, glauben Sie, kommt Ihr Partner nicht mit?*
- *Welchen Erfolg erhoffen Sie sich durch die Therapie für Ihre Beziehung?*

Wirkfaktoren

Einige Beispiele erwünschter therapeutischer Wirkung auf das Paargeschehen sind:

- das gegenseitige Verstehen,
- das Benennen und Ansprechen des Unbekannten und Störenden,
- Einsicht in die verschiedenen Wirklichkeiten der Partner.
- Die Kenntnis dessen, was der andere in seiner Lebenslage benötigt,
- ein besserer Umgang mit dem anderen und sich selbst neben dem anderen,
- die Klärung von Einstellungen, Wünschen, Erwartungen, Hoffnungen,
- das Bewusstmachen dessen, was sein soll.

Wie einfach beispielsweise „gegenseitiges Verstehen" und „Einsicht in die unterschiedlichen Wirklichkeiten der Partner" erreicht werden kann, soll ein kurzer Therapieausschnitt illustrieren.

Ein Mann beschwert sich im Laufe der Therapie über die übergroße Ängstlichkeit seiner Frau. Er findet ihre Gefühle übertrieben und kann sie nicht nachvollziehen, sie fühlt sich im Stich gelassen und unverstanden.

Mann: *„Ich kenne eigentlich keine Angst."*

Th.: „Was könnte Ihnen Angst machen?"

Mann: „*Der Gedanke daran, dass einem von meiner Familie etwas zustoßen könnte.*"

Th.: „Haben Sie das schon einmal erlebt?"

Mann: „*Ja, als meine Mutter schwer krank war.*"

Th.: „Gibt es noch andere Situationen?"

Mann: „*Ja. Wenn ich daran denke, dass meine Frau mich verlassen könnte.*"

Er wird immer nachdenklicher und äußert selbst, dass er wahrscheinlich die Angst immer verdrängt habe, weil er mit seinen Angstgefühlen nichts anfangen könne. Seine Frau tröstet ihn: „*Du bist ja nicht allein mit deiner Angst!*"

Durch das Bewusstwerden eigener Ängste erhält er Einsicht in und auch Verständnis für die Angst seiner Frau. Auch sie war sichtlich überrascht und sieht ihn in einem neuen Licht: „*Wenn mich jemand gefragt hätte, ob du Angst kennst, hätte ich gesagt: Der sicher nicht!*"

Indem der Mann sowohl begründete als auch irrationale Ängste bei sich auffinden konnte, öffnete sich eine neue Kommunikationsmöglichkeit für das Paar.

Trennung auf Zeit

Eine wichtige, aber für das Paar sehr einschneidende therapeutische Intervention ist die Trennung auf Zeit. Sie ist dann sinnvoll, wenn seit längerem ein fortgeschrittener Konflikt oder eine massive Krise besteht, die durch bisherige Versuche des Paares oder gängige therapeutische Interventionen nicht beseitigt werden konnten.

Die häufigsten Symptome und Anlässe von Krisen sind:
- ständige Streitereien,
- Kommunikationsabbruch und
- Außenbeziehungen.

Daraus resultierend ergibt sich in vielen Fällen eine Unsicherheit, ob man den anderen noch liebt, ob man zusammenbleiben oder auseinandergehen soll und ob nicht eine endgültige Trennung die bessere Lösung wäre.

Der Sinn der Auszeit besteht darin, dass

- konstruktive Ängste entstehen, die deutlich machen, was man verlieren könnte,
- Klarheit und neue Sichtweisen auf die Ursachen der Konflikte entstehen,
- die Distanz es ermöglicht, das eigene Verhalten und die eigene Kommunikation zu überdenken, um den anderen wieder als Ganzheit wahrzunehmen,
- eigene Werte und Gefühle überprüft werden können: Was fehlt? Wo ist Sehnsucht, wo Erleichterung spürbar? Welche Ängste und Abhängigkeiten sind vorhanden?,
- Souveränität und Selbstvertrauen gewonnen werden, indem man sieht, dass man das Leben auch allein

bewältigen kann, indem man vernachlässigte Bereiche wiederbelebt bzw. brachliegende Fähigkeiten wieder aktiviert oder neue entwickelt,
- der bisherigen Alltag überprüft und von Altlasten entrümpelt wird,
- eine eventuell bestehende Außenbeziehung geklärt und eine echte Entscheidung gefällt wird.

Diese Trennung auf Zeit ist in Fällen ständiger massiver Streitereien ein Mittel der Deeskalierung, weil man räumlich getrennt weniger streiten kann, aber auch ein Mittel der Eskalierung, da die drohende Trennung auch Wirklichkeit werden könnte. In jedem Fall ist sie eine informationsreiche Probezeit, in der man die offenen Konflikte deutlicher wahrnimmt und man auf ganz reale Weise erfahren kann, wie das Leben ohne den anderen wäre. Die Trennung auf Zeit soll auch Abhängigkeiten und Verstrickungen lösen, damit man die Beziehung ebenbürtiger und konstruktiver weiterführen kann.

Voraussetzung für die Sinnhaftigkeit der Trennung auf Zeit ist, dass sie von einem Mindestmaß an Vertrauen getragen ist, dass sie als ein gemeinsames Projekt gesehen wird und dass sie zu Selbstkonfrontation und Selbstkritik führt. Erst dann sind Änderungen in der Beziehungsdynamik, in den Einstellungen und in der Kommunikation des Paares möglich.

Empfehlenswert in dieser Phase ist die professionelle Begleitung des Paares, da eine sorgfältige Gestaltung der Auszeit im Sinne klarer Vereinbarungen und Regeln getroffen werden muss. In Krisensituationen sind seitens des Paares große Ängste vorhanden, dass die Beziehung endgültig zerbrechen könnte. Diese und andere Ängste trüben die gedankliche und gefühlsmäßige

Klarheit, daher sind die meisten Paare in diesem Fall mit einem Selbstcoaching überfordert.

Da jedes Paar seine Auszeit ganz individuell gestalten soll, werden hier nur jene Punkte bzw. Fragen angeführt, die zu klären sind, um verbindliche Rahmenbedingungen für beide zu schaffen:

- Dauer der Trennung?
- Wer zieht aus und wohin?
- Wie kommuniziert man die Trennung gegenüber Eltern, Kindern, Freunden?
- Soll die Trennung überhaupt nach außen kommuniziert werden oder besteht auch die Möglichkeit einer diskreten Handhabung?
- Wer kümmert sich wann und wie um die Kinder?
- Wie oft soll es Kontakte geben?
- Worüber soll gesprochen werden?
- Was will man miteinander tun?
- Was soll vermieden werden?
- Klärung und Entscheidung betreffend die Außenbeziehung.

Nochmals kurz zusammengefasst soll die Auszeit Wertearbeit ermöglichen, um
- eine entspanntere Atmosphäre zu schaffen, in der man Konfliktthemen ansprechen kann,
- die Gründe für die Krise abarbeiten zu können,
- Probleme durch andere Blickwinkel und andere Bewertungen zu entschärfen,
- Wesentliches in den Vordergrund treten zu lassen, damit das wieder auftauchen kann, wofür man einander früher gemocht hat,

- Klarheit darüber zu erlangen, ob genügend Wertschätzung füreinander da ist, um sich auf eine gemeinsame Zukunft zu freuen.

Die Trennung auf Zeit ist ein Modell, welches Autonomie, Beziehungsfähigkeit und ein gewisses Maß an Liebesfähigkeit verlangt oder zumindest den Willen, diese zu entwickeln, wenn man bei sich ein diesbezügliches Manko feststellt. Es braucht Mut und Vertrauen, sich auf ein Experiment einzulassen, welches den familiären, den materiellen und den organisatorischen Zusammenhalt reduziert, um sich dafür gegenseitig Freiheit, Autonomie und Würde zurückzugeben. Es ist das Verlassen einer unseligen, oft krankmachenden „Schicksalsgemeinschaft", um einander die Möglichkeit zu geben, sich neu kennen zu lernen, sich nochmals oder erstmals füreinander zu entscheiden.

Paartherapie/Sexualtherapie

Im Laufe einer Therapie oder als Therapieanlass kommt auch die Sexualität des Paares zur Sprache und es stellt sich die Frage, inwieweit Sexualität ein Kernthema für den Paartherapeuten ist bzw. ob dieses Feld dem Sexualtherapeuten überlassen bleibt.

Dazu eingangs eine kurze Anmerkung zur Unterscheidung von Sexualtherapie und Paartherapie:

Manche Paare erahnen, ob ihre Schwierigkeiten eher sexueller oder anderer Natur sind, und entscheiden sich nach eigenem Ermessen für die eine oder andere Therapieform. Die meisten Paare aber wissen nicht genau, was die Ursache ihrer Probleme ist, und so ist es auch Aufgabe des Therapeuten, die Zuständigkeit zu klären und den Schwerpunkt der Therapie herauszufinden.

Meist sind die Ebenen miteinander verschränkt, denn sexuelle Probleme sind immer ganzheitlich zu sehen: Liegt die Ursache im körperlichen Bereich, stellen sich psychische Probleme ein, umgekehrt haben seelische Belastungen und Konflikte Auswirkungen auf die sexuelle Kommunikation.

Da Paarkonflikte zu sexuellen Störungen und sexuelle Probleme wiederum zu Paarkonflikten führen können, gilt es herauszufinden, was zuerst da war. Tatsächlich verschwimmen in der Praxis die Grenzen und so braucht ein Sexualtherapeut auch paartherapeutische Erfahrung und ein Paartherapeut auch sexualtherapeutische Kenntnisse. Ganz allgemein kann man aber sagen: Wenn das Beziehungsgefüge eines Paares vordergründig oder tatsächlich intakt, die sexuelle Interaktion aber gestört ist, suchen Paare oder Einzelpersonen eine

Sexualtherapie auf. Unter dem Motto: „Wir mögen uns, aber es klappt nicht im Bett."

Die meist klar umschriebenen Hauptsymptome funktioneller Sexualstörungen betreffen Erektionsstörungen, Penetration und Orgasmus; interveniert wird in erster Linie aufklärend und verhaltenstherapeutisch, um Versagens- und Erwartungsängste abzubauen.

Zur Paartherapie hingegen entscheiden sich meist Paare, in deren Partnerschaft primär Beziehungsprobleme sowie nicht funktionelle Sexualstörungen im Vordergrund stehen, zu welchen vor allem sexuelle Lustlosigkeit und Abneigung zählen.

Um sicherzugehen, dass den Beschwerden keine organischen Ursachen zugrunde liegen, sollte vorab an Gynäkologen und Andrologen zur Abklärung verwiesen werden.

VERSCHRÄNKUNG VON PAAR- UND SEXUALTHERAPIE	
SEXUALTHERAPIE	PAARTHERAPIE
vorerst kein Beziehungsproblem	Beziehungsproblem
funktionelle Sexualstörungen (z.B. Erektions-/Orgasmusstörungen) ↓ Beziehungsproblem	↓ nichtfunktionelle Sexualstörungen (z.B. Lustlosigkeit, Ekel, Verlust von Zärtlichkeit und Erotik), aber auch funktionelle Störungen

Sexuelle Kommunikationsstörungen

Sexualität wird nach wie vor einseitig, wirklichkeitsfremd und vorurteilsbeladen dargestellt. Man wird einerseits ständig mit zeitgeistigen Botschaften konfrontiert, welche vor allem den perfekten Körper und die perfekte Leistung fordern, andererseits mit überlieferten, verinnerlichten (oft religiösen) Mythen, welche unterschwellig die persönliche Einstellung zur Sexualität beeinflussen.

Sexuelle Störungen rühren nicht immer von Beziehungsproblemen her.

Es gibt durchaus Liebesbeziehungen ohne oder mit wenig sexueller Kommunikation, die von beiden Partnern als echt, gut und passend empfunden werden. Doch die Kluft zwischen eigenem sexuellen Erleben und der vorgegaukelten, normierten sexuellen Freiheit verunsichert und verhindert eine Annäherung an das Eigene.

Die sexuelle Revolution erzeugte nicht nur Freiheit, sondern auch Druck, denn jetzt könnte man, wie man wollte, weiß aber nicht, was man will und wie man es will. Paare sind durch Vergleiche irritiert: Wenn es bei ihnen nicht so ekstatisch und turbulent zugeht wie angeblich bei allen anderen, ziehen sie den falschen Schluss, dass mit ihrer Beziehung etwas nicht in Ordnung sei. Missglückt ist hier das Vertrauen ins Eigene sowie die Kommunikation über die je eigene Sexualität.

Zur Veranschaulichung seien hier einige der hartnäckigsten *Mythen* aufgezeigt, welche die sexuelle Handlungsfreiheit einschränken:
- Über Intimes spricht man nicht!
- Das kann man dem anderen nicht zumuten!

- In einer guten Beziehung gibt es immer während Leidenschaft!
  - Die Frau ist passiv, der Mann ist aktiv!
  - Männer wollen nur das eine!
  - Sex muss spontan passieren!
- ...

Diese Mythen sind therapeutisch von großer Bedeutung, denn ihre Folgen sind Verunsicherung, Enttäuschung, verfremdete Sexualität und Sprachlosigkeit.

Das Gefährliche an Mythen ist, dass sie zur Norm erklärt, für allgemeine Wahrheit gehalten und nicht mehr hinterfragt werden. Dadurch haben sie einen unpersönlichen und lebensfeindlichen Charakter. Sich kritiklos an Mythen zu halten, führt zu einem Verlust der Verbindung zu sich selbst: Der innere Dialog verkümmert, Missverständnisse, Ungereimtheiten und diffuse Unzufriedenheit entstehen genauso schnell wie unglückliche Muster und damit geschlossene Systeme, die eine weitere Auseinandersetzung unmöglich machen.

Um diese Einflüsse zu entschlüsseln und zu entschärfen, ist es immer wieder notwendig, sie zu reflektieren und an den eigenen wirklichkeitsnahen Empfindungen zu überprüfen. Hat der eine Partner die grundsätzliche Meinung, dass Sex in einer Beziehung unwichtig, der andere aber die gegenteilige Ansicht, dass Sex für eine Beziehung durchaus wichtig sei (eine Meinung, die übrigens meist nicht offengelegt wird, weil sie der des Partners moralisch unterlegen ist), ergibt sich daraus über kurz oder lang eine nicht zu überbrückende Diskrepanz.

Das Sexuelle hat sich der Liebe, der Vernunft und der Moral unterzuordnen nach der Devise: „Wenn wir uns lieben, wird das schon in Ordnung kommen", oder unter dem heimlichen Motto: „Irgendwo hole ich mir schon, was ich brauche." Später rechtfertigt die Abwertung des Partners als „frigid" oder „impotent" den Seitensprung.

Wir haben hier den Einfluss der Mythen auf die Sexualität vorangestellt, da die jeweiligen Glaubenssätze über Sexualität natürlich als Hintergrundmusik in der therapeutischen Arbeit mitschwingen und berücksichtigt werden müssen.

In der Praxis treten vor allem zwei Störungsebenen der sexuellen Kommunikation auf:

1. **aus Paarkonflikten entstehende sexuelle Probleme**
2. **aus individuellen Sexualstörungen entstehende Paarkonflikte**

Ad 1. Sexuelle Kommunikationsstörungen, denen ein Paarproblem zugrunde liegt
Bei näherem Hinsehen und behutsamem Nachfragen bedeuten die von Paaren genannten Kommunikationsprobleme immer auch Einschränkungen der sexuellen und sinnlichen Kommunikation und spielen so – allerdings unausgesprochen – doch eine wesentliche Rolle.

So wird dem Paartherapeuten beispielsweise nicht wie dem Sexualtherapeuten ein Symptom wie die Impotenz als Problem dargestellt, sondern etwa als Kommunikationsverweigerung (Ausweichen, Verhindern intimer Situationen, Lustlosigkeit), was auf leiblicher Ebene durchaus einer Impotenz ähnlich ist, jedoch vom Betroffenen nicht als pathologisch, sondern „logisch" erlebt wird. Das Paar ahnt instinktiv oder weiß auch, dass es die Beziehung ist, welche krankt.

Den Kommunikationseinschränkungen liegen größtenteils Kränkungen und Enttäuschungen zugrunde, die nie wirklich vergessen und verziehen wurden. Fast in allen problematischen Paarbeziehungen fühlen sich ein oder beide Partner irgendwann im Laufe der gemeinsamen Geschichte in einer schwierigen Situation vom anderen alleingelassen, verraten und verkauft. Vertrauenseinbuße und Rückzug beeinträchtigten eine Auseinandersetzung oder verhinderten diese ganz. Über Jahre hinweg vermag der unausgesprochene Konflikt die Beziehung zu zersetzen, auch wenn dessen Ursache längst nicht mehr im Bewusstsein weilt.

Jeder meidet das Thema und leistet gerade durch sein Schweigen dem körperlichen Ausagieren Vorschub. Meist handelt es sich um die Folgen von Liebesverlust und daraus resultierenden Machtkämpfen, was das Paar gemeinsam oder der schwächere Partner allein in Form von sexueller Verweigerung, psychosomatischen Beschwerden, Verkrampfung, Unlust oder Ekelgefühlen über den Körper ausdrücken.

Die Auswirkungen des problematischen Paargeschehens zeigen sich, wie gesagt, auch auf der sexuellen Ebene: in einem Verlust von Zärtlichkeit und Erotik, in einer Einschränkung des Liebesdialoges auf der somatischen Ebene, welche total oder partiell sein kann: Entweder findet keinerlei Sex statt oder aber es findet Sex in veränderter Form statt, denn Kontrolle, Hingabestörung oder Aggression bewirken eine grundlegende Veränderung des Erlebens.

Wir wollen die Verschränkungen zwischen Paartherapie und Sexualtherapie am Beispiel eines Paares aufzeigen:

Frau S. vereinbart telefonisch einen Termin für Paartherapie, wobei sie als Grund ihre Angst vor der Gewalttätigkeit ihres Mannes angibt. Im Erstgespräch stellt sich heraus, dass Frau S.

ihren Mann betrogen hat und er sie im Affekt aus dem Haus werfen wollte.

Das Ehepaar S. ist seit 18 Jahren verheiratet und hat drei Kinder. Geheiratet wurde aus „Anstand", weil Frau S., kurz nachdem sie einander kennen gelernt hatten, schwanger geworden war. Beide verfügten damals über keine nennenswerte sexuelle Erfahrung.
Sex funktionierte irgendwie, ohne dass jemals darüber nachgedacht oder gesprochen wurde.
Durch den Seitensprung seiner Frau vermutete Herr S., dass er nicht „gut genug sei", er begann sich imaginär mit dem Nebenbuhler zu vergleichen und kam durch die verstärkte Selbstbeobachtung in den Teufelskreis der sexuellen Verunsicherung; das Sexualleben des Paares wurde dadurch lahmgelegt. Herr S. bräuchte dringend die Bestätigung seiner Frau, findet aber keine Worte für sein Anliegen.

Paartherapeutisch wird interveniert, um die Dialogfähigkeit des Paares zu verbessern, was wiederum zur sexuellen Kommunikation führen und in der Folge die Qualität der sexuellen Beziehung erhöhen soll.

Sexualtherapeutisch wird interveniert, um die paartherapeutischen Bemühungen zu verstärken und die Gesamtkommunikation zu verbessern.

Es ist natürlich möglich, nur paartherapeutisch Hilfestellung zu geben und zu warten, bis sich sexuelle Kommunikation einstellt; wirkungsvoller ist es aber nach unseren Erfahrungen, auf beiden Ebenen gleichzeitig zu intervenieren.

Ad 2. Individuelle Sexualstörungen, die zu Paarkonflikten führen

Es gibt eine Vielzahl an individuellen Problemen sexueller Natur, die Auswirkungen aufs Paargeschehen haben können, wie

- Missbrauchserlebnisse,
- sexuelle Funktionsstörungen,
- Unklarheit in der sexuellen Orientierung,
- eigene missglückte Einstellung zur Sexualität und zum Körper,
- Unwissenheit oder die Unfähigkeit, über Sexualität zu reden,
- etc.

Das menschliche Sexualleben ist ein höchst sensibles, leicht zu irritierendes Gebiet: Ein einmaliges Versagen, eine einzige schlechte Erfahrung oder Abwertung erzeugt Verunsicherung, die oft in keiner Relation zum Anlass steht und langfristiges Vermeidungsverhalten nach sich zieht.

Therapeutisch wird vorweg abgeklärt, ob die auftretenden Störungen dem Einzelnen bereits aus seiner Biografie bekannt sind, also unabhängig vom aktuellen Partner immer wieder auftreten, oder ob die Störung nur mit diesem Partner/dieser Partnerin bzw. nur in bestimmten Situationen auftritt.

Beide Partner erhalten Hilfestellung (oft in Einzelsitzungen) für den Umgang mit dem Problem, im Bedarfsfall wird eine kombinierte Sexualtherapie empfohlen.

Dabei handelt es sich primär um sexualtherapeutische Themen wie sexuelle Fixierungen (Perversionen) und Funktionsstörungen, welche durch die bisher erfolgte missglückte Behandlung oder aber Nichtbehandlung zu Konflikten und zum Paartherapeuten führen.

Kognitive Umstrukturierung (Veränderung der Sichtweise), Dereflexion (die Aufmerksamkeit auf einen anderen Fokus lenken) und ein gelassener Umgang können auch manifeste Sexualstörungen positiv beeinflussen. Sowohl die männliche als auch die weibliche Form von Impotenz ist in vielen Fällen keine Unfähigkeit an sich, sondern eher eine Folge des zwanghaften Bemühens, die männliche bzw. weibliche Rolle auszufüllen. Oftmals muss nur die Überzeugung, impotent zu sein, behandelt werden.

Viele dieser sexuellen Störungen haben mit Forderungen, Erwartungsängsten, hohen Ansprüchen, immer „funktionieren" zu müssen, und auch falschen Vorstellungen zu tun.

Liegt ein neurotisches Verhalten oder eine negative, „verklemmte" Grundhaltung zur Sexualität bei einem oder beiden Partnern vor, bedeutet dies von vornherein Einschränkungen der Liebesfähigkeit und der Beziehungsgestaltung.

Auch seien jene Fälle erwähnt, in denen einer der Partner oder beide aufgrund der Angst, unterlegen zu sein, sich auszuliefern oder sich selbst in der Hingabe an den anderen zu verlieren, mittels abwehrender Kommunikation ihre Grenzen aufrecht halten müssen.

Frau A., seit eineinhalb Jahren verheiratet, kommt mit ihrem Mann in Paartherapie, da die Ehe „nicht vollzogen werden kann": Frau A. leidet an einer schmerzhaften Scheidenverkrampfung, sobald sich ihr Mann mit sexuellen Absichten nähert. Von ihrem Gynäkologen wurden zwei Scheidenoperationen durchgeführt, die keinerlei Verbesserung mit sich brachten, obwohl nach Aussagen des Gynäkologen nun keine organische Ursache mehr vorliegen konnte.

Nach einem weiteren Jahr entmutigender Versuche fühlten sich beide Partner als Versager, weil sie das „Normalste auf der Welt" nicht konnten.

Das Paar war sich in Liebe und Verständnis zugeneigt, doch die dauernden Frustrationen erzeugten eine Ungeduld, es das nächste Mal unbedingt schaffen zu müssen.
Dieser Erfolgsdruck führte bei Frau A. zu totaler Verkrampfung, Lustlosigkeit und Vermeidung intimer Situationen, was ihr wiederum die Vorwürfe ihres Mannes einbrachte, sich nicht wirklich zu bemühen.
Insgesamt war die Partnerschaft stabil, sodass eine Einzeltherapie mit Frau A. sowie fallweise Einzelgespräche mit ihrem Mann beschlossen wurden.

Es zeigten sich bald kleinere Erfolge durch das gestärkte Selbstvertrauen von Frau A. und sie erkannte, wie sehr sie noch immer von ihrem frommen Elternhaus beeinflusst war.
Es gelang ihr, ihre latenten Schuldgefühle ihrer Mutter gegenüber zu entlarven (diese war enttäuscht über ihre Partnerwahl und dass sie von zuhause weggegangen war) und sich von den täglichen Pflichtanrufen zu befreien. Auch wurde ihr bewusst, dass sie in ihrem Beruf anderen Menschen und auch ihrem Mann ständig zur Verfügung stand. Indem sie sich abzugrenzen lernte, musste ihr Körper nicht mehr der einzige und letzte Bereich bleiben, in den sie niemanden eindringen ließ. Nach einem halben Jahr war es ihr erstmals möglich, mit ihrem Mann zu schlafen.

Wenn – wie in diesem Fall – ein individuelles sexuelles Problem behandelt wird, das die Beziehung belastet, empfiehlt sich eine Kombination von Einzel-, Paar- und Sexualtherapie.

Voraussetzung für ein flexibles Setting ist allerdings ein wohlwollendes und vertrauensvolles Klima zwischen beiden Partnern und den Therapeuten.

Es muss selbstverständlich sein, dass der Therapeut im Interesse des Paares, also beider Beteiligter arbeitet.

Um eine größtmögliche Offenheit in der Therapie herzustellen, um das Artikulieren intimer Anliegen zu üben und gleichzeitig Verletzungen des Partners zu vermeiden, empfiehlt es sich, das Setting darauf abzustimmen. Die Paartherapie sollte getrennt, im geschützten Rahmen von Einzelgesprächen stattfinden. Besonders beim Thema Untreue können unnötige Kränkungen des Partners vermieden werden. Empfehlenswert sind Einzelgespräche auch dann, wenn der Therapeut merkt, dass ein unausgesprochenes Geheimnis in der Luft liegt, welches den Dialog blockiert.

Trennung

Die besseren Aussichten
eröffnen sich dadurch, dass wir,
die sonst keine haben,
das offen zu sagen beginnen.
Die Zukunft liegt nicht darin,
dass man an sie glaubt
oder nicht an sie glaubt,
sondern darin,
dass man sie vorbereitet.
Die Vorbereitungen
bestehen nicht darin,
dass man nicht mehr zurückblickt,
sondern darin,
dass man sich zugibt,
was man sieht beim Zurückblicken
und mit diesem Bild vor Augen
auch etwas anderes tut
als zurückblicken.

ZURÜCKBLICKEND | Erich Fried

Trennung als Thema der Prävention

Ausgangspunkt unserer Überlegungen, auch Trennung als präventives Thema zu behandeln, ist die Beobachtung, dass der Umgang mit dem erlebten Verlust ein entscheidender Punkt für zukünftige Partnerwahl und Beziehungsgestaltung ist. Wir halten die Trennungsproblematik insofern für einen entscheidenden Punkt in der Beziehungsforschung, da viele Menschen sehr lange unter Trennungen leiden bzw. viele Menschen sich auch wider besseres Wissen nicht trennen können.

Eine Trennung oder Scheidung vom Partner kann als sehr einschneidend und anhaltend negativ – oft als Auslöser für lebenslanges Unglück – erlebt werden, weit massiver als andere, bereits vollzogene Trennungen. So wird die Loslösung vom Elternhaus, der Verlust von Freunden oder der Tod naher Angehöriger längst nicht so umfassend erlebt, da diese Geschehnisse zum Teil unreflektiert erfolgen und ohne Selbstwertverletzung vor sich gehen.

Was ist notwendig, um Trennungen konstruktiv zu bewältigen?

a. Reflexion der Trennung
   - *Was war gut und intakt in dieser Beziehung?*
   - *Was waren die genauen Gründe für die Trennung?*
   - *Habe ich die Situation nicht realistisch wahrgenommen?*
   - *Habe ich falsche Kompromisse geschlossen?*
   - *Hatte ich meinen Lebensentwurf für die Beziehung aufgegeben?*

b. Defizite beseitigen

Hier ist es notwendig, Defizite in der eigenen Beziehungskompetenz zu beseitigen und zu korrigieren: eigene Unreife, unklare

Wertewelt, Untreue, Unzuverlässigkeit, Unausgeglichenheit, Unselbstständigkeit etc.

- *Waren andere Gründe als die Liebe entscheidend für die Partnerwahl?*
- *Hatte ich meine Partnerwahl realistisch überprüft?*
- *Hat mein Partner zu mir gepasst?*
- *Was ist mein Anteil am Scheitern der Beziehung?*

c. Gute Trennung anstreben

Vorhandene Aggressionen sollen sich nicht verfestigen oder unverhältnismäßig lange weiter bestehen bleiben und im Falle der Auflösung familiärer Strukturen soll es möglichst wenig Verlierer geben.

- *Gibt es Gründe dafür, mit meinem Ex-Partner/meiner Ex-Partnerin ein gutes Einvernehmen anzustreben?*
- *Wollen wir als Eltern oder Großelternpaar weiterhin bestehen bleiben?*

d. Reflexion des Lebensplans

Damit die Trennung keine oberflächliche Anpassung an den nächsten Partner/die nächste Partnerin bewirkt, soll der eigene Lebensplan erstmals oder nochmals eingehend bedacht, überprüft und gegebenenfalls revidiert werden. Im Sinne von Halt im Leben ist eine selbsttreue Haltung in schwierigen Lebensabschnitten besonders wichtig.

- *Muss ich meine Partnerwahl grundsätzlich überdenken?*
- *Befinde ich mich in einem neuen Lebensabschnitt, in dem*

andere Werte wichtiger geworden sind, sich Prioritäten verschoben haben?

Wenn ein Auseinandergehen unumgänglich geworden ist, ist eine gewisse Trennungskultur erstrebenswert, welche beiden Partnern einen guten Neubeginn ermöglicht. Voraussetzung für einen wirklichen Neubeginn ist vor allem die konstruktive Bewältigung der im Zusammenhang mit der Trennung entstandenen negativen Gefühle. Um psychisch weitgehend unbeschädigt neue Bindungen eingehen zu können, müssen Aggressionen, Demütigungen, Selbstwertverletzungen und Ängste verdaut werden, man muss sich um Offenheit bemühen und gegen die Einengung durch entstandene Vorurteile ankämpfen.

Trennungsfähigkeit

Viele Paare bleiben zusammen, auch wenn sie sich gegenseitig das Leben schwer machen, andere Paare wiederum gehen auseinander, ohne innerlich den entschiedenen Schritt der Trennung zu vollziehen.

In beiden Fällen führt die mangelnde Trennungsfähigkeit zu einer Verringerung der Lebensqualität: Die Energie bleibt an einen Menschen gebunden, dem man nicht mehr in Liebe verbunden ist.

Durch den formalen Akt der Scheidung oder Trennung ist noch lange kein emotionaler Prozess abgeschlossen: emotional und gedanklich hängen viele weiterhin an der Vergangenheit, sind unfrei in ihren Gefühlen und unfähig, sich einer neuen Herzensbeziehung zuzuwenden.

Die Reduzierung der Lebensqualität äußert sich in negativen psychischen Phänomenen wie Hass, Rache, Groll oder Selbsthass, die den Lebensvollzug empfindlich einschränken.

Wir denken hier noch gar nicht an die vielen neurotischen Verhaltensweisen, die im Zuge von Trennungsprozessen aktualisiert werden. Beschäftigen wollen wir uns nur mit der ganz normalen Schwierigkeit, sich zu trennen, wenn jemand erkannt hat, dass der Kampf um die bestehende Partnerschaft sinnlos geworden ist und das Auseinandergehen die bessere Lösung für beide wäre.

Trennungsfähigkeit als Teil der Trauerfähigkeit ist unentflechtbar mit Beziehungsfähigkeit verbunden und basiert auf einer Beziehungsleistung der betreffenden Person: Gerade der, der Angst hat und die Schuld übernimmt, ist trennungsfähig, weil er diese Gefühle aushält und sich trotzdem lösen kann.

Kriterien der Trennungsfähigkeit:
- Umgang mit Angst
- Umgang mit Schuld
- Umgang mit Kränkungen (Selbstwert)

Weitere Kriterien der Trennungsfähigkeit sind:
- sich ehrlich mit sich selbst auseinandersetzen (sich selbst in Frage stellen und gleichzeitig zu sich selber halten),
- den Mut zu haben, Konflikte aktiv anzusprechen,
- über Autonomie (die Gewissheit, alleine weitermachen zu können) verfügen,
- lebensfeindliche „moralische" Haltungen (Religion und Mythos: „Trennung ist Sünde") abgebaut haben,
- fähig sein, zu verzeihen (sich selbst und dem anderen) und damit eine Geschichte abschließen zu können.

Jene, die nicht in der Lage sind, sich aus einer unglücklichen Beziehung zu lösen, stellen ein eigenes Kapitel dar. Dies ist deshalb ein schwieriges Thema, weil diese Personen nur sehr selten in Therapie kommen, wobei oft rationale Gründe (Familie, Vermögen) vorgeschoben werden. Beziehungen, die für alle Beteiligten sehr unbefriedigend sind, bleiben so über Jahre bestehen und führen oft zu psychosomatischen Erkrankungen, diffusen oder deutlichen Aggressionen, Resignation und letztlich zu einem allgemeinen Verlust der Lebensfreude.

Wenn sich die Partner jedoch entschieden haben, auseinanderzugehen, ist die Einzelarbeit an der Trennungsfähigkeit oftmals eine Voraussetzung für die weitere Paartherapie, um einvernehmliche Lösungen in anderen Konfliktpunkten zu erreichen. Aus einer Vielzahl von Einzelphänomenen werden diagnostisch jene konkreten Barrieren herausgearbeitet, welche die gewünschte Trennung erschweren; danach werden präzise therapeutische Schritte eingeleitet.

Schaubild
TRENNUNGSFÄHIGKEIT

WISSEN, WAS MAN WILL

ANGSTBEWÄLTIGUNG (Zukunft)	SCHULDBEWÄLTIGUNG (Vergangenheit)
Scheitern können	
Allein sein können	
Verlieren können	
Wirtschaftliche und soziale Neuorganisation (Mediation)	

WISSEN, WAS MAN WERT IST

WISSEN, WAS MAN WILL

Gibt es eine Vorgangsweise, die helfen könnte, zu einer eindeutigen Willensbildung zu gelangen?

Gerade in Zeiten, in denen vage Überlegungen zu einer Trennung beginnen bzw. die Trennung kurz bevorsteht, entstehen viele krisenhafte Symptome. Die Gedanken sind unklar und von Ängsten vernebelt, die Gefühle unkontrolliert und ungeordnet, zum Teil ambivalent. Unsicherheit in der Kommunikation führt zu Sprachlosigkeit und diese zu weiterer Unklarheit. Die Konsequenzen der Trennung werden verdrängt oder nicht realistisch wahrgenommen, entweder über- oder untertrieben, eine unnötige Dramatik begleitet die Vorstellungen.

Folgendes Vorgehen kann hilfreich sein:

1. Wahrnehmen, was ist

In dieser Phase sollen vorhandene Gedanken und Gefühle zur Beziehung sorgfältig bewusst gemacht werden. Die bisherige Entwicklung der Beziehung soll erinnert und beschrieben werden, ebenso der aktuelle Zustand der Beziehung. In Form eines Protokolls werden wichtige Informationen aufgezeichnet, wie z.b. der Beginn der Zunahme von Streit, Kommunikationseinschränkung und Krisensymptomen bei gleichzeitiger Abnahme von Zärtlichkeit und freudigen Ereignissen in der Partnerschaft.

2. Werte erfassen

In dieser Phase stellt sich die Frage, ob eine professionelle Hilfe zum jetzigen Zeitpunkt nützlich sein kann: Besteht noch eine Möglichkeit, die Beziehung zu retten?
Wird das Aufrechterhalten der Beziehung überhaupt noch als sinnvoll angesehen?

- Welcher Wert ist mir in der gegenwärtigen Situation besonders wichtig?
- Hat sich meine Wertewelt verändert?
- Hat sich die Wertewelt des anderen verändert?
- Finde ich beim anderen noch jene Werte vor, die mir einst so wichtig waren?

3. *Werte abwägen als Grundlage der Entscheidung*

Wie soll es im Falle einer Trennung weitergehen? Welche Konsequenzen hätte eine Entscheidung zur Trennung:
- wirtschaftlich,
- sozial (etwaiger Verlust sozialer Kontakte, Ortswechsel) und
- emotional (Verlust meines Partners und eventuell meiner Kinder)?

In dieser Phase soll auch das Fundament für eine mögliche „gute" Trennung gelegt werden. Es soll darauf Bedacht genommen werden, dass kein unnötiges Porzellan zerschlagen wird.

4. *Handeln*

Dies ist die Phase der Vorbereitung auf das schwierige Trennungsgespräch mit dem anderen.

- Wie und wann sage ich es am besten, unter Rücksichtnahme auf den Selbstwert des Betroffenen?
- Mit welchen Reaktionen habe ich zu rechnen? Kann ich mich darauf einstellen?

Nachdem die ersten drei Schritte erarbeitet wurden, sollte die Trennungsabsicht dem Partner schonend, aber in aller Klarheit mitgeteilt werden. Wenn man mit heftigen Gegenargumenten und Emotionen konfrontiert wird, können zwar Kompromisse eingegangen werden, jedoch ohne die sorgfältig getroffene Entscheidung zu revidieren.

In den nächsten Schritten werden – falls möglich, gemeinsam – ein Trennungsszenario und die weitere Vorgangsweise erarbeitet, z.B. Auszug aus der gemeinsamen Wohnung, Gespräche mit den Kindern, Trennung oder Scheidung.

Die psychologischen Prozesse sind: Angst- und Schuldbewältigung sowie Erhaltung des Selbstwertes.

ANGSTBEWÄLTIGUNG (Blick in die Zukunft)

Allgemeine Fragen zur Angstbewältigung:
- Welche neuen Möglichkeiten ergeben sich durch die Trennung?
- Welche Vorteile sind damit verbunden?
- Wie wahrscheinlich ist es, dass diese Vorteile eintreten?
- Wer hält zu mir?
- Auf wen kann ich mich in dieser schwierigen Situation verlassen?
- Welche Bereiche werden durch die Trennung nicht berührt?
- Erinnere ich mich an frühere Trennungen?
- Wie ist es mir damals ergangen?
- Wie habe ich frühere Trennungen bewältigt?

Eine häufig auftretende Angst in Trennungssituationen entsteht aus der (vermeintlichen) Verletzung von Normen, die durch Eltern, Gesellschaft und Religion in uns wirken. Es gilt zu überprüfen, ob man sich mit diesen Normen identifizieren kann oder ob man sie als Fremdbestimmung erlebt.

Fähigkeiten, die gegen die Angst entwickelt werden müssen:

Scheitern können
(sich eingestehen können, dass etwas nicht geglückt ist)

Scheitern kann ich nur,

- wenn ich scheitern darf: Ich erlaube mir zu scheitern,
- wenn ich immun und abgegrenzt bin gegenüber den Ansprüchen der Umwelt,
- wenn ich das Gefühl habe, trotzdem wertvoll zu sein,
- wenn ich bereit bin, Unsicherheiten in Kauf zu nehmen,
- wenn mir bewusst ist, dass ich durch das Scheitern gescheiter werde.

- *Bin ich schon einmal bewusst gescheitert?*
- *Welche Vor- und Nachteile hatte ich durch das Scheitern?*
- *Wie waren damals die Reaktionen der Umwelt?*
- *Hat es zu meiner Weiterentwicklung beigetragen?*

Allein sein können
Trennung kann bewirken, dass ich für eine gewisse Zeit oder auch für immer bisherige Beziehungen aufgeben muss, denn Trennung birgt die Gefahr in sich, nicht nur den Partner/die Partnerin, sondern in vielen Fällen auch Teile des Freundes- und Bekanntenkreises zu verlieren. Trennungsfähigkeit in diesem Zusammenhang heißt zu wissen, dass ich mein Leben allein bewältigen kann und dass ich die Fähigkeit und auch die Möglichkeit habe, in Zukunft wieder neue Beziehungen einzugehen.

- *War ich schon einmal allein?*
- *Wie ist es mir dabei ergangen?*
- *War es damals eine Belastung oder gar eine interessante Zeit?*
- *Hat es zu meiner Entwicklung (im Sinne einer guten Beziehung zu mir selbst) beigetragen?*

Verlieren können
(betrifft vor allem jene, die verlassen wurden)
Trotz des Verlustgefühls und der Trauer wird mein Selbstwert nicht beeinträchtigt. Ich will zwar nicht, dass der Verlust

eintritt, nehme ihn aber zur Kenntnis. Ich kann verlieren, ohne mich generell als Verliererin bzw. Verlierer zu fühlen.

Sich wirtschaftlich und sozial neu organisieren können
Bei diesem Punkt ist es unerlässlich, Anleihen aus der Mediation zu nehmen.

Mediation ist ein vor- und außergerichtlicher Weg der Konfliktbearbeitung, welcher sich auf persönliche und sachliche Folgen der Trennung bezieht.

Typische Regelungsinhalte sind die Teilung, Zuteilung und Verwertung des bisherigen gemeinsamen Zuhauses (Eigentum, Mietwohnung, Hausrat) und des Vermögens sowie Rentenanwartschaften und Versicherungen. Des Weiteren muss die zukünftige Verantwortung für die Erziehung und Pflege der Kinder sowie die finanzielle Absicherung des Partners/der Partnerin und der Kinder geregelt werden.

SCHULDBEWÄLTIGUNG
(Blick in die Vergangenheit)

Wenn ich mich trenne, werde ich schuldig, da ich moralische Kategorien missachtet und Vereinbartes nicht eingehalten habe. Ich muss diese Schuld anerkennen und Verantwortung dafür übernehmen.

Therapeutische Hilfestellung bei Schuldgefühlen
- Sind die Prinzipien, gegen die ich verstoßen habe, auch meine Grundsätze?
- Ist das Leid des anderen nur ein Bild von mir oder liegt wirklich Leid vor?
- Schätze ich die Ressourcen des anderen realistisch ein?
- Bin ich allein schuld an der Trennung?

- Würde mir eine Versöhnung helfen?
- Wenn ja, bin ich gewillt, eine gute Trennung anzustreben?
- Will ich mich entschuldigen?

Bei unangemessenen Schuldgefühlen:
- *Bei welchen Anlässen habe ich immer wieder Schuldgefühle?*
- *Wie bin ich bisher mit Schuldgefühlen umgegangen?*

Existentielle Schuld

Ebenso notwendig ist es aber, dass ich neben dieser moralischen Schuld die existentielle Schuld mir selbst gegenüber anerkenne: Würde die Nicht-Trennung nicht eine viel größere Schuld hervorrufen, nämlich mir selber etwas Wesentliches schuldig geblieben zu sein: dass ich selber nicht so sein kann, wie ich sein könnte oder müsste?

WISSEN, WAS MAN WERT IST

Neben der therapeutischen Unterstützung zur Angst- und Schuldbewältigung bei Trennungen ist das Aufrechterhalten des Selbstwertes von großer Bedeutung, denn ein stabiler Selbstwert hilft sowohl dem Verlassenden als auch dem Verlassenen dabei, sich gut trennen zu können.

Für den Verlassenen hat die Stützung des Selbstwertes natürlich eine größere Bedeutung, denn alle unfreiwilligen Trennungen beeinträchtigen die Identität und führen zu psychischen Veränderungen. Der Verlust des Selbstwertes bewirkt je nach Temperament aggressives oder depressives Verhalten; beides ist destruktiv und muss therapeutisch aufgefangen werden, um eine Chronifizierung der Krise zu verhindern.

In vielen Fällen lag schon lange eine beiderseitige Unzufriedenheit mit der Partnerschaft vor; durch die Kränkung tritt aber die

Erinnerung an die eigene Unzufriedenheit in den Hintergrund: Bei der aggressiven Form wird verbissen um etwas gekämpft, das man nie wirklich wollte, solange man es hatte. Der Kampf um den verlorenen Partner ist genauso wie die Resignation ein verständlicher, aber verfehlter Versuch, den geschwächten Selbstwert zu retten.

Therapeutisch wird daran gearbeitet, wieder in guten Kontakt mit sich zu kommen:

Was halte ich von meinem Ex-Partner/meiner Ex-Partnerin?
- Wie finde ich seine/ihre Art des Weggehens?
- War er/sie fair zu mir oder hat er/sie unserer Beziehung keine Chance gegeben?
- Will ich ihn/sie eigentlich zurückhaben? Unter welcher Bedingung?
- War die Beziehung wirklich so gut, wie ich jetzt meine?
- Bin ich wirklich der Grund der Trennung?
- Was wäre jetzt anders, würde mein Partner/meine Partnerin zurückkommen?

Durch die Aktivierung von Stellungnahmen sollen Selbstbewusstsein, Souveränität und Vertrauen in die Zukunft wiederhergestellt werden. Das Gefühl soll sich einstellen, dass ein Leben auch ohne diesen Partner/diese Partnerin lebenswert ist.

Dreiecksbeziehungen

Wie bereits beschrieben, sind Außenbeziehungen eines der schwierigsten Themen in der Paarberatung und Paartherapie. Da es kein Patentrezept für die Lösung dieses häufig vorkommenden Problems gibt, wollen wir uns dem Thema vorerst in Form einer allgemeinen **Diskussion** und im Anschluss daran in Form einer streng versachlichenden **Entscheidungsanalyse** nähern.

Diskussion

F: *Was versteht man unter einer Dreiecksbeziehung?*

Eine dauerhafte, regelmäßig gepflegte Außenbeziehung, in der Verbindlichkeiten aufgebaut werden oder entstanden sind.

Manche Paare leben ständig in einer Dreiecksbeziehung, brauchen diese „Balance" möglicherweise, um die Partnerschaft zu stabilisieren. Diese strukturellen Dreiecke zeigen immer ein Defizit im Paargeschehen auf.

F: *Was ist der Unterschied zum sogenannten „Seitensprung"?*

Seitensprünge sind (ursprünglich) rein sexuell motiviert. Der klassische Seitensprung ist der One-Night-Stand, also eine einmalige, abgeschlossene Sache, die nicht nach Fortsetzung verlangt. Dieser muss nicht unbedingt ein Defizit der Beziehung zur Ursache haben, vielleicht geschieht es aus Übermut oder Neugier; vielleicht geht es auch um Selbstbestätigung oder um persönliche Probleme.

Warum es zum Seitensprung kommt, ist individuell sehr verschieden und es ist anzuraten, dass jeder, der seinen Partner/

seine Partnerin betrogen hat, sich erst einmal mit der eigenen Motivation für diese Tat beschäftigt, bevor er die Partnerschaft unnötig damit belastet.

F: *Gibt es bei Dreiecksbeziehungen gute Konfliktlösungen?*

Theoretisch schon, praktisch aber kaum.

Zuallererst herrschen Chaos, Angst und Schuldgefühle vor, begleitet von Unsicherheit und Abbruchstendenzen. Es besteht die große Gefahr, dass der Konflikt drei Verlierer hervorbringt. Therapeutisches Ziel wäre es, zumindest zwei Gewinner und längerfristig drei Gewinner daraus hervorgehen zu lassen.

F: *Was heißt das: Nur Verlierer bleiben zurück?*

Der hintergangene Partner leidet an beeinträchtigtem Selbstwert, der „Täter" leidet an Schuldgefühlen und der Angst, entdeckt zu werden, sich entscheiden zu müssen oder zwischen den Stühlen durchzufallen, und der Drittpartner (der oder die Geliebte) leidet an eingeschränkten Handlungsmöglichkeiten und seiner/ihrer passiven Rolle.

F: *Würde Offenheit den Konflikt besser lösen?*

Falls mehr dahintersteckt als ein einmaliger „Ausrutscher" und die bestehende Beziehung aus den Angeln gehoben werden könnte, sollte der Partner/die Partnerin fairerweise einbezogen werden.

Durch Offenheit entsteht eine wünschenswerte Dynamik im Paargeschehen, doch fehlt oft dieser Wille zur Auseinandersetzung und nicht jeder fühlt sich in der Lage, sich auf den Konflikt und das Risiko einer Trennung einzulassen.

F: *Wie kann ein Beziehungscoach bei Dreiecksbeziehungen behilflich sein?*

Hauptsächlich kann er bei Entscheidungsfindungen unterstützen. Die betroffenen Personen stehen überwiegend unter starkem Druck, Entscheidungen zu treffen, sind aber aus verschiedenen Gründen nicht fähig dazu.
Dieser Entscheidungsdruck führt zu Angst und großem Stress, manchmal zu Fehlhandlungen und oft zu psychosomatischen Beschwerden.

F: *Was raten Sie den betroffenen Personen?*

Es gibt keinen allgemeingültigen Rat, jede Entscheidung muss individuell getroffen werden, doch kann darauf hingewiesen werden, dass eine Entscheidung, welche halbherzig getroffen wird, problematisch ist.

F: *Bei dieser Problemstellung geht es ja ausschließlich um das Phänomen der Trennung ...*

Primär geht es um die Angst vor Trennung.
Es gibt ein Bündel von realen und irrealen Ängsten, die in Zusammenhang mit Trennung entstehen und psychotherapeutisch bzw. beraterisch bearbeitet werden müssen.

F: *Welche Ängste sind das?*

Hauptsächlich Angst vor dem Verlust von Sicherheit, Angst vor der gesellschaftlichen Reaktion und Angst vor einer materiellen Schlechterstellung.

F: *Gibt es eine spezielle Angsttherapie?*

Natürlich. Zuerst einmal wird die Realität überprüft, denn durch Ängste geschieht eine Verzerrung derselben. Allein durch diesen Schritt der Konkretisierung entsteht bereits Erleichterung. Des Weiteren soll die Erinnerung an vergangene Trennungen und deren Bewältigung aktualisiert werden. Hilfreich ist es, mit Personen zu sprechen, die eine Trennung bereits hinter sich haben. Und besonders wichtig ist die Relativierung des Mythos, dass Trennung immer zu einer Verschlechterung der Lebenssituation führt.

Bei vorhandener Beziehungs- und Liebesfähigkeit kommt es immer wieder zu geglückten Beziehungen, auch wenn sich die Rahmenbedingungen ändern.

Es soll dem Begriff „Trennung" der Stachel gezogen werden: Trennung ist nicht unbedingt *das* dramatische, singuläre Ereignis im Leben – es gibt sehr wohl Gewinne, die man aus Trennungen ziehen kann.

F: *Trennung hat aber doch mit Scheitern zu tun ...*

Ja, schon, aber gerade das Scheitern hat auch mit Lernen und Entwicklung zu tun, es heißt, die Grenzen des eigenen Verhaltens auszuloten, es heißt auch, ehrlich zu sein, wenn man seine gesteckten Ziele nicht erreicht hat, und mutig, sich nach neuen Möglichkeiten auszurichten. Scheitern, sagt man, macht gescheiter.

F: *Aufgrund Ihrer Ausführungen könnte man vermuten, dass Partner keine Verpflichtungen gegenüber dem anderen haben!*

Die entscheidende Verpflichtung ist die Liebe, für die man weiterhin kämpfen soll. Alle anderen Bindungen können rückgängig gemacht werden. Das ist gerade kein verantwortungsloses Handeln, sondern ganz im Gegenteil: Liebe führt zu besonders großer, weil selbst gewählter Verantwortung.

F: *Das ist nachvollziehbar, wenn es sich nur um ein Paar handelt. Was aber ist mit der Verpflichtung gegenüber den Kindern?*

Die Verpflichtung zur Elternschaft endet keineswegs mit der Trennung der Partner. Es gibt zwar eine räumliche Trennung, aber die emotionale Bindung zwischen dem Vater – er ist es meist, der geht – und den Kindern vertieft sich häufig und die Qualitätszeit, die sie zusammen verbringen, nimmt zu.

Paare, die sich einig sind, dass sie weiterhin gute Eltern für ihre Kinder bleiben wollen und die Kinder aus den Konflikten heraushalten, schädigen ihre Kinder jedenfalls weniger als solche, die nur streiten.

Viele Klienten berichten, wie froh sie über die Scheidung der Eltern waren, weil endlich Ruhe einkehrte. Es ist ein Mythos, dass alle Scheidungskinder todunglücklich sind; mindestens genauso viele sind unglücklich, weil sie ihre Eltern miteinander unglücklich erleben.

F: *Wann ist eigentlich die Zeit gekommen, sich zu trennen?*

Es gibt ein paar Anhaltspunkte, wann eine Partnerschaft strukturell gefährdet ist: Erstens, wenn die verbindende Kommunikation durch Diskrepanzen in der Wertewelt des Paares unterbrochen ist, was dauernd zu Konflikten führt. Zweitens, wenn sich einer oder beide in der Beziehung in seinen bzw. ihren Entwicklungsmöglichkeiten eingeschränkt fühlt bzw. fühlen und die Partnerschaft stagniert, was man daran merkt, dass das Leben allein als produktiver angesehen wird als das Leben zu zweit. Und drittens die Selbstwertproblematik: wenn keine Selbstwertsteigerung durch den Partner/die Partnerin stattfindet oder wenn Entwertungsmechanismen die Oberhand gewonnen haben.

F: *Ich möchte nochmals auf die Dreiecksbeziehung zurückkommen: Wir haben jetzt sehr viel von den „Tätern" gesprochen – gibt es auch Unterstützung für die Partner/die Partnerinnen der „Täter"?*

Selbstverständlich. Für den betrogenen Partner ist es wichtig, die durch Illoyalität entstandene Kränkung zu verarbeiten. Es geht auch um Selbsttreue, wie weit man bereit ist, Verletzungen des Selbstwertes hinzunehmen. Immer handelt es sich um eine Therapie des Selbstwertes.

Auch der oder die Geliebte befindet sich in einer unangenehmen Situation und muss persönliche Entscheidungen treffen. Manche Geliebte warten Jahre und Jahrzehnte, drängen auf Scheidung, machen Druck, warten, erpressen, resignieren, über lange Phasen hinweg fühlen sie sich ohnmächtig, weil sie nicht in den Prozess eingreifen können.

F: *Wie würden Sie weiter vorgehen?*

Da alle Beteiligten vor schwerwiegenden Entscheidungen stehen, haben wir Instrumente zur Entscheidungsfindung erarbeitet.

Wir können hier ein mögliches Modell für die Vorgangsweise bei Beziehungskrisen skizzieren:

Modell einer Entscheidungsanalyse

Vorausschicken wollen wir, dass hier nicht jene Dreiecksbeziehungen gemeint sind, die in Form eines ausdrücklichen oder stillschweigenden Arrangements gelebt werden und deren Bestehen eine stabilisierende Wirkung auf das Paargeschehen hat. In diesen Fällen würde gerade die Lösung des Dreiecks zu einem Problem für die Akteure werden. Wir meinen vielmehr jene Beziehungen, die einer Lösung zugeführt werden müssen, da ein Beteiligter der Dreiecksbeziehung die Situation strukturell verändern will, weil der verbindlich gewordene Charakter der Außenbeziehung eine Entscheidung fordert, der oder die Betroffene aber nicht in der Lage ist, die entsprechenden Schritte zu gehen.

Meist ist ein hohes Ausmaß an Chaos, Angst und Schuldgefühlen vorhanden und die Gefahr ist groß, dass der Konflikt ausschließlich Verlierer hervorbringt.

Neben einer akuten Krisenintervention ist es hier vorrangig, beim Entscheidungsprozess behilflich zu sein und eventuell den daraus entstehenden Trennungsprozess zu begleiten:

Herr W., verheiratet, zwei Kinder, verliebt sich in eine Mitarbeiterin und setzt alles daran, diese Beziehung zu vertiefen. Er tritt öffentlich mit ihr auf und bezeichnet sie als seine Traumfrau. Da er keine Anstrengungen unternimmt, sein Verhältnis zu verbergen, beginnt seine Frau recht bald die Liaison zu ahnen, spricht aber ihre Vermutungen nicht aus. Von Anfang an beteuert Herr W. seiner Freundin gegenüber, die einen starken Wunsch nach Familie bekundet, dass er keine Geliebte wolle, sondern eine Partnerin. Das Tempo, mit dem er die neue Beziehung vorantreibt, und seine ernst klingenden Versprechungen lassen die Freundin damit rechnen, dass er sich baldigst scheiden lassen und mit ihr eine Familie gründen wird. Seine Absichten untermauert er durch gemeinsame Reisen sowie durch die Anmietung einer gemeinsamen Wohnung.

Infolge auftretender psychosomatischer Beschwerden beginnt Herr W. eine Psychotherapie.

Er beteuert, dass die Entscheidung zwischen den beiden Frauen überhaupt kein Problem für ihn darstelle, er wisse genau, dass die Freundin besser zu ihm passe, aber er könne es seinen Kindern nicht antun, dass sie Schäden durch die Scheidung davontragen.
Immer wieder habe er Bilder seiner verlassenen Kinder im Kopf. Sein Therapieziel lautet, endlich eine Lösung zu finden.

Wir möchten nun den Entscheidungsprozess von Herrn W. schrittweise nachvollziehen:

Situationsanalyse
Um zu einer sachlichen Entscheidung zu gelangen, wird die bestehende Situation genau analysiert. In dieser Phase der Klärung, der Ordnung und der Beruhigung soll verhindert werden, dass die Entscheidung ausschließlich emotional, zu rasch oder grob fahrlässig getroffen wird.

Folgende Informationen sind für die Entscheidungsfindung unerlässlich:

Ist eine Veränderung der derzeitigen Situation wirklich notwendig?

Im Falle von Herrn W.: Ja, denn
- die Streitigkeiten sowohl mit seiner Gattin als auch mit seiner Freundin nehmen zu,
- Herr W. befürchtet, dass beide Frauen ihn verlassen könnten,
- die Stresssituation hat dazu geführt, dass sich bei Herrn W. eine psychosomatische Hauterkrankung eingestellt hat.

Was wäre, wenn diese Veränderung nicht stattfände?
Herr W. befürchtet, dass ihn seine Freundin verlässt, wenn er

einfach so weitermacht wie bisher. Außerdem führt der aus dem Doppelleben resultierende Stress zu Unkonzentriertheit und Fehlern in seinem beruflichen Alltag. Schwierigkeiten mit seinem Vorgesetzten lassen auch seinen Arbeitsplatz nicht mehr als sicheren Ort erscheinen.

Entspricht die derzeitige Situation bzw. die angestrebte Veränderung meinen Vorstellungen von Muss- und Wunschzielen einer Partnerschaft?

Für Herrn W. ist es nicht einfach, Muss- und Wunschziele zu definieren und die vorliegenden Informationen entsprechend zu gewichten.

Seine Schwierigkeit besteht vor allem darin, seine Werte unabhängig von der konkreten Situation zu formulieren.

Schließlich können folgende Ziele bearbeitet werden:

Mussziele von Herrn W.:
- Verlässlichkeit der Partnerin
- Partnerin sollte gute Mutter sein

Wunschziele von Herrn W.:
- gegenseitige Förderung und Selbstwertsteigerung in der Partnerschaft
- eine ähnliche Wertewelt (Interessen, Lebensstil)
- sexuelle Harmonie

Bei der Bewertung hinsichtlich der Mussziele kann kein entscheidender Unterschied zwischen Gattin und Freundin ausgemacht werden, seinen Wunschzielen entspricht in den meisten Punkten eher die Freundin. Hiermit wird zwar sein ursprüngliches Gefühl bestätigt, doch sowohl bei ihm als auch bei den

Therapeuten bleiben Zweifel bestehen, da Herr W. bis dato nicht in der Lage war, seine Entscheidung umzusetzen.

Es ist daher notwendig, die bisherige Entscheidung auf ihre Auswirkungen zu überprüfen.

Die Beschäftigung mit den jeweiligen Folgen ergibt, dass Herr W. berechtigte Ängste hinsichtlich der Familienauflösung hat. Der mögliche Verlust der Familie stellt offenbar *die* entscheidende Barriere dafür dar, die ursprünglich getroffene Entscheidung nicht umsetzen zu können. Nun müssen vor allem Informationen eingeholt werden, ob der befürchtete Liebesverlust seitens der Kinder sowie die Familienauflösung tatsächlich eintreten würden:

- *Wird seine Gattin im Falle einer Scheidung einen günstigen Einfluss auf die Kinder nehmen?*
- *Wird sie sich neutral verhalten?*
- *Wird sie auf die Kinder ungünstig (gegen den Vater) einwirken?*
- *Wie schätzt Herr W. die Beziehung zu seinen Kindern ein?*
- *Kann die Trennung mit den Kindern besprochen werden?*
- *Hat Herr W. das Gefühl, dass seine Kinder weiterhin zu ihm halten werden?*

Um diese Informationen zu erhalten, ist Herr W. gezwungen, die Auseinandersetzung zu wählen: einerseits Gespräche mit seiner Gattin zu führen, andererseits sich mit seinen Kindern zu beschäftigen, um eine tragfähige Beziehung aufzubauen, die auch nach einer allfälligen Scheidung von seiner Gattin Fortbestand hätte.

In den therapeutischen Gesprächen stellt sich heraus, dass er zu seinen Kindern so gut wie keine Beziehung pflegt und dass er mit kleinen Kindern nicht viel anfangen kann. Wenn er nach Hause kommt, ist er gestresst von der Arbeit und will seine Ruhe. Seine Angst, die Kinder zu verlieren, ist berechtigt, da keine nennenswerte Verbindung zu ihnen und damit für beide Seiten keine Beziehungsverankerung besteht.

In dieser Phase zeigt sich, ob Herr W. tatsächlich an einer realen Beziehung zu seinen Kindern interessiert ist.

Theoretisch gibt es nun zwei Möglichkeiten im Entscheidungsprozess:
1. Sollten sich die vorhandenen Ängste durch die Gespräche mit seiner Gattin und die Beschäftigung mit seinen Kindern verringern, kann die Umsetzung der ursprünglichen Absicht (Entscheidung für die Freundin) erfolgen.
2. Sollte aber dieser Therapieabschnitt ergeben, dass eine Rücknahme der ursprünglichen Entscheidung notwendig ist, sind in weiterer Folge die Ängste bei der Entscheidung für die Gattin zu bearbeiten:

- *Kann Herr W. damit leben, dass er sinnvolle Möglichkeiten ungenützt lässt?*
- *Wird diese Entscheidung sein Leben nachhaltig beeinflussen?*
- *Gelingt es Herrn W., die Liebesbeziehung zu seiner Gattin zu aktivieren?*

Herr W. fasst den Mut, seiner Gattin den Entschluss mitzuteilen, dass er sich von ihr trennen wolle und dass er sich ab sofort vermehrt den Kindern widmen werde, um diesen trotz der bevorstehenden Scheidung Beständigkeit zu vermitteln.

Frau W. hatte die ganze Zeit gehofft, dass es sich nur um eine Liebelei handelte, und ist sehr betroffen davon, dass er sie nun verlassen will. Sie bittet ihn, es doch noch einmal zusammen zu probieren, nicht nur, weil sie ihn nicht verlieren will, sondern vor allem der Familie wegen. Herr W. erbittet sich eine gewisse Bedenkzeit.

Auch von seiner Freundin erbittet er sich Verständnis dafür, dass er es noch einmal mit seiner Familie versuchen müsse – er könne so nicht gehen.

Seine Freundin akzeptiert diesen Schritt, da sie genau spürt, wie sehr er noch immer mit seiner Familie verbunden ist, auch wenn er immer das Gegenteil behauptet hat.

Herr W. intensiviert die Beziehung zu seinen Kindern, telefoniert tagsüber öfter mit ihnen, unternimmt am Wochenende vieles mit ihnen und setzt sich erstmals mit den unterschiedlichen Bedürfnissen seiner Kinder auseinander.

Dadurch ergibt sich wieder Gesprächsstoff mit seiner Frau und die Lage entspannt sich insgesamt. Auch die Kinder bitten ihn, nicht fortzugehen, und er merkt, wie sehr sie an ihm hängen. Er beginnt sich wieder wohler zu fühlen in seiner Haut und in seiner Familie.

In der Therapie wird ihm bewusst, dass er mit seiner Familie nie wirklich in Beziehung gewesen war und dass er jetzt erst fühlt, wie wichtig und wertvoll sie ihm im Grunde ist. Er habe damals seiner Frau, ohne viel nachzudenken, den Kinderwunsch erfüllt und würde nun seiner Freundin den Kinderwunsch erfüllen wollen.

Eigentlich habe er aber bereits eine Familie gegründet und es sei eine Überforderung für ihn, das Ganze nochmals zu machen.

Die konkrete Auseinandersetzung mit Frau und Kindern, welche ursprünglich zur Angstbekämpfung gedacht war, führt ihn zu einer Kontaktaufnahme mit seinen eigenen Werten: Familie zu haben war für ihn ein Lippenbekenntnis gewesen, nun erst spürt er ihren Wert für sein Leben. Herr W. fasst daraufhin den Entschluss, bei seiner Familie zu bleiben und sich um eine gute Beziehung zu seiner Frau zu bemühen.

Die große Angst vor dem Verlust der Freundin relativiert sich, da er erkennt, keine weitere Familie mehr gründen zu wollen und damit dem Lebensplan seiner Freundin massiv im Wege zu stehen. Auch scheinen ihm die Gefühle zu seiner Freundin nun eher einer Verliebtheit als wahrer Liebe zu entspringen. Er kann sich schweren Herzens, aber doch in aller Klarheit von seiner Freundin trennen.

Bei allen großen Lebensveränderungen, die Auswirkungen auf das Leben anderer haben, soll durch diese genaue Prüfung sichergestellt werden, dass es sich um eine fundierte Entscheidung handelt, eine in sich begründete Entscheidung, zu der man nachhaltig stehen kann. Es bedarf in allen Fällen guter Gründe – sei es, um in die bestehende Partnerschaft zurückzukehren, sei es, um die schwierige Zeit der Trennung durchzustehen.

Im Falle von Herrn W. handelte es sich um eine geglückte Neuentscheidung für seine Frau, die es beiden ermöglichte, die Beziehung in Würde fortzuführen.

Spezifische Trennungskrisen – Neue Beziehungen

In Zusammenhang mit der Problematik von Dreiecksbeziehungen möchten wir auf zwei Anwendungsbereiche des Beziehungscoachings hinweisen, die bis jetzt sowohl von der psychotherapeutischen Praxis als auch in der Literatur wenig Beachtung fanden.

***A.* Fälle, in denen durch eine Außenbeziehung eine Entscheidungssituation entsteht, die – aus welchen Gründen auch immer – vorerst nicht gelöst werden kann**

Im Zuge von Trennungsprozessen finden oft überstürzte Fluchtreaktionen aus der konflikthaften Partnerschaft statt, eine zwar verständliche Bewegung, die aber zur Folge hat, dass wichtige Beziehungselemente der neuen Beziehung nicht gesehen werden. So kann die Krise des „alten" Paares schnell zur Krise des „neuen" Paares werden oder die neue Beziehung stellt sich nach einiger Zeit als unglückliche Wahl dar.

Beziehungscoaching hilft sowohl bei der Auseinandersetzung mit den Werten bzw. dem Scheitern der „alten" Beziehung als auch bei der Auseinandersetzung mit der zukünftigen Lebensplanung und Beziehungsgestaltung.

> Wir möchten darauf hinweisen, dass normalerweise das sich trennende Paar im Fokus der Paartherapie steht, während das „neue" Paar bisher keine professionelle Unterstützung bei Paarwerdung und Beziehungsgestaltung gefunden hat.

***A.* Fälle, in denen eine Trennungsabsicht zwar gegeben ist und auch kommuniziert wurde, eine einvernehmliche Lösung vom anderen Partner jedoch verhindert wird**

In diesem Fall, der uns sehr oft in der Praxis begegnet, wird die Trennungskrise dadurch verstärkt, dass der bisherige Partner die Trennungsabsicht des anderen in massiver Form bekämpft.

Ein Fallbeispiel soll dies illustrieren:

Herr K., ein 51-jähriger Techniker, seit acht Jahren verheiratet, Vater einer fünfjährigen Tochter, verliebt sich in eine 45-jährige Arbeitskollegin. Aus der Verliebtheit entsteht Liebe, es werden vage Zukunftsgedanken geschmiedet und von ihm der Entschluss gefasst, sich scheiden zu lassen. Seine Ehe war für ihn schon zwei Jahre, bevor er die Kollegin kennen lernte ‚am Ende und wurde nur noch durch das gemeinsame Kind zusammengehalten. Andauernde Streitigkeiten und Lieblosigkeiten prägten den Alltag. Er teilt seiner Frau mit, dass er ausziehen und ein neues Leben beginnen möchte. Gleichzeitig bittet er sie um eine einvernehmliche Scheidung mit Hilfe eines Mediators. Seine Frau lehnt beides ab, beginnt um ihn zu kämpfen und setzt ihn zugleich massiv unter moralischen Druck hinsichtlich seiner Verantwortung für die Familie. Er zieht dennoch aus und damit beginnen nächtliche Telefonanrufe und angedeutete Drohungen, dass sie sich und dem Kind etwas antun könne.

In dieser Phase wendet sich der Herr K. an uns, da er sich in großer Sorge um seine Frau und vor allem um die gemeinsame Tochter befindet. Er möchte Rat, wie er mit dieser Situation am besten umgehen kann.

Kurzfristig überlegt er, nach Hause zurückzukehren, erkennt aber gleichzeitig, dass damit niemand etwas gewonnen hätte. Als seine Frau spürt, dass er entschieden bleibt, verstärkt sie ihre Attacken gegen ihn, bezichtigt ihn fälschlich der körperlichen Misshandlung, zeigt ihn bei der Polizei an und entzieht ihm das gemeinsame Kind.

Bereits in der zweiten Sitzung führt Herr K. an, dass es nun auch mit seiner Freundin Probleme gäbe, da die neue Beziehung durch die Trennungskrise auf das Äußerste belastet sei. Er selbst sei hochgradig gestresst, könne nicht mehr abschalten, nicht schlafen, sich nicht konzentrieren, die Gespräche mit seiner Freundin kreisen nur noch um die Rechtskonflikte. Die Einengung der alten Beziehung greife auf die neue Beziehung über, es entstünden hier ebenfalls Konflikte, sodass nur schwer an Neubeginn zu denken sei. Er habe große Angst, dass sein ganzes Leben zerbrechen könnte.

> An diesem Punkt wird nun auch die Freundin in die gemeinsamen Gespräche eingebunden. Als vorrangiges Ziel in diesem spezifischen Beziehungscoaching geben beide den Wunsch an, dass die neue Beziehung unversehrt aus dieser Krise hervorgehen solle.

Für das gemeinsame Krisenmanagement im Rahmen der Paargespräche wurde der Schwerpunkt auf die Bearbeitung nachfolgender Themen gelegt, um die neue Beziehung auf ein gutes Fundament zu stellen:

1. Die Entschiedenheit füreinander verdeutlichen
   Gerade in Chaos- und Krisenzeiten ist es wichtig, einen verlässlichen Halt zu haben, einander Sicherheit und Gewissheit zu vermitteln: Ich will dich und ich stehe zu dir, was immer auch geschieht!

2. Den Dialog intensivieren
   Ein wechselseitiger Austausch der Gefühle und Gedanken sollte mit besonders großer Achtsamkeit und Offenheit stattfinden. Gefühle der Ohnmacht, der Unsicherheit und der Schuld sind in diesen Phasen in hohem Maß

vorhanden. Krisenzeiten sind Zeiten des Missverständnisses, daher sollte der Partner/die Partnerin mit eingebunden werden, teilhaben an den Problemen und Nöten, vor allem aber wissen, wo der andere in seiner Entwicklung, seinen Überlegungen und Einstellungen gerade steht, um dessen Handlungen besser zu verstehen.

3. Ausbalancierte Unterstützung im Sinne einer guten Gesamtlösung
   Der neue Partner/Die neue Partnerin sollte sich weder übermäßig in den Ehekonflikt einmischen noch sich völlig abstinent verhalten. Eine möglichst objektive Haltung wäre hier wünschenswert. Schon die Tatsache, dass von dem neuen Partner/der neuen Partnerin eine neutrale Sicht angestrebt und keine weitere Eskalation betrieben wird, ist entlastend.

4. Liebe leben
   Da die Probleme des in Trennung befindlichen Partners erfahrungsgemäß sehr viel Zeit und Energie in Anspruch nehmen, muss die Liebesbeziehung geschützt werden, müssen Alltagssorgen zeitweise konsequent ausgegrenzt werden. Das, was sie ursprünglich zusammengeführt hat, die sinnlich-erotische Welt ebenso wie verbindende Interessen und Werte, im Grunde alles, was die Liebe nährt, soll kultiviert werden.

5. Vergangenheit integrieren und Zukunft entwerfen
   Was bleibt kurz-, mittel- oder langfristig an Belastungen und Verpflichtungen aus der Vergangenheit bestehen? Welchen und wie viel Einfluss wird dies auf das gemeinsame zukünftige Leben haben? Welchen „Rucksack" wird das neue Paar zukünftig miteinander tragen müssen?

Welche Konflikte könnten sich daraus ergeben? Welche neuen Perspektiven und Visionen können gemeinsam entwickelt werden?

Das gemeinsame Beziehungscoaching trug dazu bei, dass die ausufernden Rechtsstreitigkeiten in Absprache mit seiner Freundin abgekürzt wurden, indem Herr K. seiner Frau für die nächsten Jahre einen über das gesetzliche Ausmaß hinausgehenden Unterhalt zusicherte und ihr außerdem seinen Anteil der Eigentumswohnung schenkte. Trotz der ehelichen Zerrüttung, die bereits unabhängig von seiner Freundin vorhanden war, nahm Herr K. die alleinige Schuld auf sich. Im Rahmen dieser Lösung stimmte Frau K. einer großzügigen Besuchsregelung zu. Diese Vorgangsweise war deshalb möglich, da das „neue" Paar solidarisch und gestärkt aus den gemeinsamen Coaching-Gesprächen hervorging. Die Paaridentität wurde ebenso stabilisiert wie das Vertrauen in die gemeinsame Zukunft. Der Halt in der neuen Partnerschaft und die Freude auf kommende Zeiten bewirkten, dass Herr K. einige seiner verhärteten Standpunkte aufgeben und auch wirtschaftliche Verschlechterungen in Kauf nehmen konnte.

Noch einmal von der Liebe

Wir haben ein Buch über Zweierbeziehungen geschrieben und über die Vielgestaltigkeit der Liebe. Liebe hat viele Gesichter, sie wird von jedem Menschen anders definiert, erlebt und wahrgenommen. Das Phänomen der Liebe zu erfassen bleibt letztlich eine Unmöglichkeit, es entzieht sich dem menschlichen Willen. Was aber in menschlicher Macht liegt, ist die Entschiedenheit im Lebensvollzug.

In allen Phasen der Partnerschaft bleibt die freie Wahl: *ob* wir überhaupt einen Partner/eine Partnerin wollen, *welchen* Partner wir wählen, *wie* wir unsere Beziehung gestalten und letztlich besteht auch die Möglichkeit, jede Beziehung wieder zu beenden.

Man kann halbherzig oder entschieden leben, es ist nur eine Frage der Entscheidung, so wie es jederzeit möglich ist, sich für die Liebe im Sinne einer liebevollen Haltung zu entscheiden.

Wir haben am Anfang des Buches den Dichter Khalil Gibran um eine poetische Annäherung an die Liebe bemüht und möchten das Buch mit den Worten des portugiesischen Dichters und Schriftstellers Fernando Pessoa ausklingen lassen:

Von allem bleiben drei Gewissheiten zurück:
Die Gewissheit, dass wir immer am Anfang stehen.
Die Gewissheit, dass wir weitermachen müssen.
Die Gewissheit, dass wir unterbrochen werden, bevor wir zu Ende sind.
Daher müssen wir:
Aus dem Unterbruch einen neuen Weg suchen
Aus dem Sturz einen Tanzschritt
Aus der Angst eine Leiter
Aus dem Traum eine Brücke
Aus der Suche ein Zusammenkommen

Literaturhinweise

Beck, Ulrich/Beck-Gernsheim, Elisabeth: *Das ganz normale Chaos der Liebe.* Suhrkamp, 1990

Comte-Sponville, André: *Ermutigung zum unzeitgemäßen Leben.* Rowohlt, 1998

Frankl, Viktor E.: *Der Wille zum Sinn.* Huber, 1982; *Ärztliche Seelsorge.* Fischer, 1987; *Der leidende Mensch.* Piper, 1990

Fromm, Erich: *Die Kunst des Liebens.* DVA, 1980

Gambaroff, Marina: *Utopie der Treue.* Rowohlt, 1985

Gibran, Khalil: *Der Prophet.* Walter Verlag, 1973

Jaspers, Karl: *Was ist der Mensch?* Verlag Piper

Längle, Alfried: *Wege zum Sinn.* Piper, 1985; *Entscheidung zum Sein.* Piper, 1988

Richter, H.-E.: Salzburger Nachtstudio. ORF

Schenk, Holger: *Geheimnis, Illusion und Lust.* Rowohlt, 1995

Schorsch, Eberhard: Sexualität und Gewalt. In: Wulf, Christoph (Hrsg.): *Lust und Liebe.* Piper, 1985

Wyss, Dieter: *Lieben als Lernprozess.* V&R, 1988

Index

A

Abhängigkeit 18, 30, 124
Abschied 25, 74, 75, 86, 110
Abschiedlich leben 110
Achtsamkeit 197
Aggression 29, 94, 162
Alltag 45, 62, 63, 65, 66, 76, 82, 104, 108, 119, 138, 144, 154, 190, 196
Angstbewältigung 177
Anpassung 26, 29, 170
Aufmerksamkeit 20, 30, 56, 78, 133, 165
Auseinandersetzung 24, 27, 29, 32, 37, 40, 41, 50, 51, 54, 55, 68, 70, 92, 94, 95, 98, 99, 111, 112, 115, 117, 123, 139, 160, 162, 183, 191, 193, 195
Außenbeziehungen 55, 106, 115, 153, 182
Auszeit 153, 154, 155
Authentizität 27, 44
Autonomie 75, 122, 134, 156, 173

B

Begehren 118
Behutsamkeit 19
Beratung 37, 68, 84, 86, 101
Beruf 7, 15, 26, 54, 65, 67, 70, 71, 72, 73, 74, 79, 87, 143, 166

Berührung 124
Beziehung 7, 8, 12, 13, 14, 15, 21, 23, 24, 25, 28, 32, 34, 36, 38, 39, 45, 46, 47, 48, 53, 58, 59, 60, 61, 62, 63, 64, 65, 66, 67, 69, 70, 76, 79, 80, 81, 82, 83, 85, 91, 93, 96, 97, 100, 102, 104, 105, 106, 107, 108, 109, 111, 112, 113, 114, 115, 117, 118, 125, 130, 131, 133, 135, 137, 138, 139, 140, 141, 142, 143, 144, 147, 149, 151, 154, 159, 160, 161, 166, 169, 170, 173, 175, 178, 181, 182, 186, 188, 191, 192, 193, 194, 195, 197, 200
Beziehungsalltag 20, 111
Beziehungscoaching 10, 37, 38, 40, 57, 69, 86, 127, 128, 130, 195, 197, 199
Beziehungsfähigkeit 31, 37, 156, 172
Beziehungsgestaltung 8, 67, 110, 165, 169, 195
Beziehungskrisen 187
Beziehungspflege 20, 69
Bindung 14, 23, 25, 32, 60, 77, 134, 186

D

Dauer 19, 53, 115, 119, 155
Dialog 49, 100, 118, 124, 131, 141, 145, 160, 167, 197
Dialogfähigkeit 41, 68, 100, 121, 123, 135, 138, 139, 144, 163
Distanz 14, 16, 18, 19, 20, 27, 50, 66, 77, 87, 93, 110, 124, 153
Dreiecksbeziehungen 183, 187, 195

E

Eigenverantwortung 26, 42, 75
Einstellung 15, 53, 149, 159, 164
Entscheidung 24, 51, 58, 63, 70, 74, 77, 79, 80, 85, 102, 107, 108, 133, 142, 144, 154, 155, 176, 184, 188, 189, 191, 192, 194, 200, 202
Entscheidungsanalyse 182, 187
Entscheidungsfindung 94, 187, 189
Entschiedenheit 34, 197, 200
Enttäuschung 50, 160
Erotik 55, 92, 118, 158, 162
Erotisch-sexueller Dialog 121
Erwartungen 13, 26, 29, 32, 35, 47, 81, 88, 90, 92, 95, 101, 136, 137, 151
Existentielle Schuld 180
Existenzanalyse 9, 10
Existenzanalytische Paartherapie 10, 127, 138

F

Familie 9, 21, 36, 57, 59, 60, 70, 71, 72, 74, 80, 81, 89, 94, 104, 145, 147, 152, 173, 188, 191, 193, 196
Frankl, Viktor 202
Freiheit 9, 10, 12, 23, 28, 32, 34, 35, 42, 43, 53, 56, 75, 78, 133, 156, 159
Freiwilligkeit 23
Fremdheit 31, 54, 117, 126
Freundschaft 29, 49, 54, 75, 91, 92, 93
Frieden 94, 95, 114
Friedensfähigkeit 94
Fürsorge 94, 111

G

Geben 62, 138
Gefühle 12, 16, 20, 39, 40, 47, 48, 50, 62, 104, 110, 117, 124, 151, 153, 171, 172, 174, 175, 194, 197
Gemeinsamkeit 59, 82
Gespräche 9, 30, 63, 87, 88, 89, 102, 105, 109, 111, 128, 131, 148, 177, 191, 192, 197
Gewissen 26, 107
Gewissheit 23, 98, 106, 108, 110, 173, 197, 201
Glück 21, 54, 94, 111, 113

H

Halbherzigkeit 34, 35
Halt 75, 108, 131, 170, 197, 199
Haltungen 68, 105, 109, 130, 131, 173
Harmonie 96, 114, 190
Hingabe 119, 124, 165

I

Innigkeit 19
Instinkt 78
Internetbeziehungen 44

K

Klärung 135, 151, 155, 189
Kommunikation 18, 38, 49, 50, 53, 54, 55, 66, 67, 71, 77, 79, 81, 82, 83, 85, 92, 97, 98, 104, 105, 106, 107, 112, 113, 123, 128, 135, 152, 153, 154, 157, 159, 161, 165, 174, 186
Kommunikationsfähigkeit 37
Kommunikationsstil 143
Konflikt 20, 29, 58, 61, 94, 96, 97, 98, 99, 101, 102, 116, 126, 127, 131, 136, 143, 153, 162, 183, 188
Konfliktfähigkeit 37, 38, 57, 73, 75, 94, 95
Konfliktstrategien 96, 136
Konkurrenz 21, 44
Konsens 53, 101
Kontakt 45, 46, 48, 54, 121, 123, 140, 181
Kränkungen 104, 118, 161, 167, 173
Krisen 54, 68, 104, 153

L

Lebensentwurf 32, 51, 53, 169
Lebensmodell 96
Lebensplanung 57, 58, 59, 68, 72, 74, 195
Lebensveränderungen 37, 38, 57, 64, 84, 86, 88, 194
Lernen 185
Lernfähigkeit 25
Liebe 8, 10, 11, 12, 13, 15, 17, 18, 19, 20, 21, 22, 23, 25, 32, 34, 37, 39, 40, 41, 50, 54, 55, 58, 59, 62, 63, 65, 75, 76, 82, 91, 92, 102, 110, 113, 122, 125, 127, 128, 139, 147, 160, 166, 170, 172, 185, 192, 196, 198, 200, 202
Liebesbeziehung 8, 10, 18, 20, 22, 32, 78, 79, 91, 92, 93, 192, 198
Liebesdefizite 92
Liebesfähigkeit 12, 15, 18, 126, 156, 165, 185
Liebesverlust 18, 61, 88, 97, 127, 162, 191
Logotherapie 9, 10
Lösungen 9, 66, 74, 89, 96, 98, 130, 173

M

Macht 87, 118, 200
Misstrauen 31, 131
Modelle der Lebensplanung 70
Mussziele 190
Mut 34, 35, 42, 43, 100, 102, 108, 110, 122, 156, 173, 192
Mythen 37, 159, 160

N

Nachsicht 19
Nähe 12, 15, 16, 18, 19, 20, 27, 29, 30, 47, 48, 49, 50, 77, 87, 93, 97, 110, 111, 112, 117, 124
Nehmen 62, 95

O

Offenheit 9, 35, 48, 49, 68, 75, 105, 106, 118, 131, 167, 171, 183, 197
Ohnmacht 124, 197
Opfer 15, 24

P

Paartherapie 10, 37, 55, 68, 69, 127, 128, 130, 131, 133, 135, 136, 139, 142, 149, 150, 157, 162, 165, 167, 173, 182, 195
Paarwerdung 8, 37, 39, 42, 68, 195
Partnerschaft 7, 8, 9, 21, 23, 32, 39, 44, 53, 56, 58, 61, 62, 65, 77, 80, 89, 92, 93, 96, 99, 129, 139, 158, 166, 172, 175, 180, 182, 186, 190, 194, 195, 199, 200
Partnersuche 43, 44, 45, 49
Partnerwahl 8, 37, 38, 42, 45, 46, 51, 55, 57, 58, 61, 62, 63, 67, 127, 166, 169, 170
Person 13, 14, 19, 22, 27, 30, 44, 47, 50, 82, 100, 104, 146, 150, 172
Persönlichkeit 27, 51, 112, 114, 115, 119
Perspektiven 59, 67, 102, 135, 141, 148, 199
Prävention 36, 48, 50, 110, 121, 169
Präventives Beziehungscoaching 38, 41, 45, 127
Prozess 17, 37, 50, 69, 127, 172, 187

R

Rolle 53, 56, 65, 67, 92, 114, 121, 144, 148, 161, 165, 183
Rücksicht 19

S

Scham 108, 123
Scheitern 99, 170, 174, 177, 178, 185, 195
Schicksal 46, 102, 135, 140, 148
Schuld 143, 172, 173, 179, 180, 197, 199

Schuldbewältigung 177, 180
Sehnsüchte 12, 135, 141, 148
Seitensprung 105, 106, 115, 161, 163, 182
Selbstannahme 121, 123
Selbstbehauptung 100, 118, 119
Selbstbetrug 24
Selbstcoaching 130, 135, 155
Selbsterfahrung 121
Selbsthingabe 16, 118
Selbstklärung 38, 99
Selbstständigkeit 18, 45, 84
Selbsttranszendenz 16, 21
Selbsttreue 16, 23, 25, 28, 30, 31, 32, 35, 122, 187
Selbstwert 22, 31, 34, 35, 42, 46, 87, 104, 113, 115, 125, 173, 176, 178, 180, 183
Sex 12, 46, 56, 61, 113, 115, 118, 120, 121, 124, 160, 162
Sexualität 28, 55, 58, 63, 65, 92, 112, 113, 114, 117, 119, 121, 122, 123, 125, 126, 144, 157, 159, 160, 164, 165, 202
Sexualstörungen 158, 161, 164, 165
Sexuelle Kommunikationsstörungen 161
Sexuelle Untreue 104
Sinn 9, 83, 105, 123, 153, 202
Sinne 14, 16, 42, 54, 59, 69, 87, 94, 96, 110, 118, 121, 123, 126, 133, 142, 154, 170, 178, 198, 200
Sinnhaftigkeit 21, 154
Sinnliche Kommunikation 123
Spannung 15, 48, 78, 114, 118, 119, 141
Sprachlosigkeit 113, 118, 160, 174
Stellungnahme 49, 82, 99, 135, 138, 139, 144, 146
Streitkultur 62, 94, 96, 97
Symbiose 14, 96

T

Tabuthemen 98, 138
Täter 183, 187
Therapie 29, 30, 93, 128, 133, 137, 139, 141, 142, 144, 148, 151, 157, 167, 173, 187, 193
Tod 59, 64, 84, 110, 111, 169
Tradition 78
Trennung 14, 18, 34, 58, 61, 63, 65, 67, 68, 96, 108, 110, 128, 131, 137, 142, 144, 153, 154, 155, 156, 169, 170, 171, 172, 173, 174, 176, 177, 178, 179, 180, 181, 183, 184, 185, 191, 194, 198
Trennung auf Zeit 153, 154, 156
Trennungsfähigkeit 142, 172, 173, 178
Trennungskrisen 195
Treue 23, 24, 25, 66, 67, 104, 109

U

Umsicht 19
Unabhängigkeit 18, 72, 75
Unehrlichkeit 30, 32
Untreue 23, 24, 25, 55, 104, 105, 106, 107, 115, 116, 167, 170

V

Veränderung 24, 67, 79, 80, 87, 125, 133, 162, 165, 189, 190
Verantwortung 9, 10, 27, 69, 86, 179, 185, 196
Vergänglichkeit 19, 110
Verlassen 12, 23, 156
Verlässlichkeit 75, 92, 147, 190
Verliebtheit 8, 13, 39, 40, 41, 50, 58, 63, 65, 68, 95, 104, 127, 194, 196
Versöhnung 117, 180
Versöhnungsprozess 108
Verständnis 46, 72, 92, 98, 112, 146, 150, 152, 166, 193
Vertrauen 9, 18, 23, 35, 41, 42, 61, 66, 75, 89, 98, 105, 109, 111, 113, 130, 154, 156, 159, 181, 199
Vertrauensbruch 23, 107, 131

Vorsicht 19
Vorstellung 40, 58

W

Wahl 28, 36, 42, 76, 195, 200
Werte 28, 32, 34, 35, 39, 46, 50, 51, 52, 54, 56, 60, 65, 80, 81, 111, 139, 153, 171, 175, 176, 190, 198
Wertearbeit 135, 139, 140, 147, 155
Wertekollisionen 28
Wertewelt 32, 41, 57, 125, 139, 141, 170, 175, 186, 190
Wertschätzung 21, 22, 25, 54, 83, 91, 115, 121, 123, 156
Wille 20, 79, 118, 131, 183, 202
Wunschziele 190

Z

Zärtlichkeit 19, 118, 158, 162, 175
Ziele 51, 53, 54, 136, 185, 190
Zugehörigkeit 12, 21, 22, 68
Zuneigung 8, 18, 19, 22, 83, 112, 124, 130
Zusammenhalt 156